Le bibliobus

Historique

CM cycle 3

Les temps modernes

Récit
Louis XIII et Richelieu

Aventure
Les trois mousquetaires

Légende
Don Quichotte

Roman policier
La plante tueuse

Alain Dag'Naud

Notes de **Pascal Dupont**
Formateur IUFM Midi-Pyrénées

HACHETTE Éducation

Édition : Thierry Amouzou
Conception graphique (couverture et intérieur) : Laurent Carré
Illustration de couverture : Alain Boyer
Illustrations intérieures : Nathalie Desverchère, Christian Kingue Epanya, Évelyne Faivre, Annie-Claude Martin
Frises historiques : Laurent Rullier
Réalisation (couverture et intérieur) : Créapass, Paris
Fabrication : Olivier Le Gall
Photogravure : Nord Compo

ISBN : 978-2-01-117347-8

43 quai de Grenelle 75905 Paris cedex 15

www.hachette-education.com

AVANT-PROPOS

De l'histoire en littérature, pour quoi faire ?

Les apprentissages fondamentaux : **parler**, **lire**, **écrire** ne sauraient se résumer à des savoir-faire décontextualisés et vides de sens. Ouvrir aux enfants la porte de l'histoire à travers la littérature, c'est les introduire dans des époques différentes afin de mieux connaître les grandes périodes historiques, les formes de pouvoirs qui s'y sont développées, les relations entre les divers groupes sociaux, les productions culturelles, artistiques et scientifiques. À travers ces lectures, les élèves se constitueront une première **culture historique** donnant accès à d'autres dimensions que les seuls événements politiques.

Quelles œuvres choisir ?

Le bibliobus Hachette **historique** propose aux jeunes lecteurs des œuvres de fiction fondées sur de réels éléments historiques qui complètent la lecture des documents de l'époque. Elles visent à nourrir la réflexion collective des élèves, à faire naître des interrogations, à susciter des débats.
Une attention particulière est portée dans les textes au vocabulaire historique spécifique pour pouvoir le comprendre et le réutiliser de manière appropriée.

Devenir lecteur

On le sait depuis longtemps : il ne suffit pas d'avoir appris à lire pour devenir lecteur. **Le goût** et **le plaisir de lire** ne peuvent se développer qu'à partir de rencontres fréquentes avec les textes. Il convient donc avant tout de lire beaucoup.

Les adultes accompagneront les enfants sur le chemin de la lecture en lisant eux-mêmes des textes à haute voix qui permettent de « raconter » l'histoire. Ils donneront ainsi aux enfants l'occasion de partager des émotions, de développer une première forme d'esprit critique tout en les guidant dans leur compréhension. Pour éviter la mise en mémoire d'informations fragmentées, ils les aideront peu à peu à tisser des réseaux de significations entre différentes œuvres et différentes époques.

La littérature et l'histoire à l'école

L'école s'est fixé pour objectif de donner à chaque enfant les références culturelles nécessaires pour que le monde des hommes commence à prendre sens pour lui.
Dans le domaine de l'**histoire** : « Le maître aide l'élève à construire une intelligence du temps historique fait de simultanéité et de continuité, d'irréversibilité et de rupture, de courte et de longue durée. Le respect du déroulement chronologique, jalonné par des dates significatives, y est donc essentiel et constitue l'une des bases de l'approche historique[1]. »
Dans le domaine de la **littérature** : « Il faut que les enfants lisent et lisent encore de manière à s'imprégner de la riche culture qui s'est constituée et continue de se développer dans la littérature de jeunesse, qu'il s'agisse de ses “classiques” sans cesse réédités ou de la production vivante de notre temps[2]. »
Il appartient aux éducateurs : enseignants, parents, médiateurs du livre, de relayer cette ambition.

Pascal Dupont

1 et 2 *Qu'apprend-on à l'école élémentaire* ?, « Les nouveaux programmes », CNDP / XO éditions, 2002.

Alain Dag'Naud

Louis XIII et Richelieu

Illustré par Nathalie Desverchère

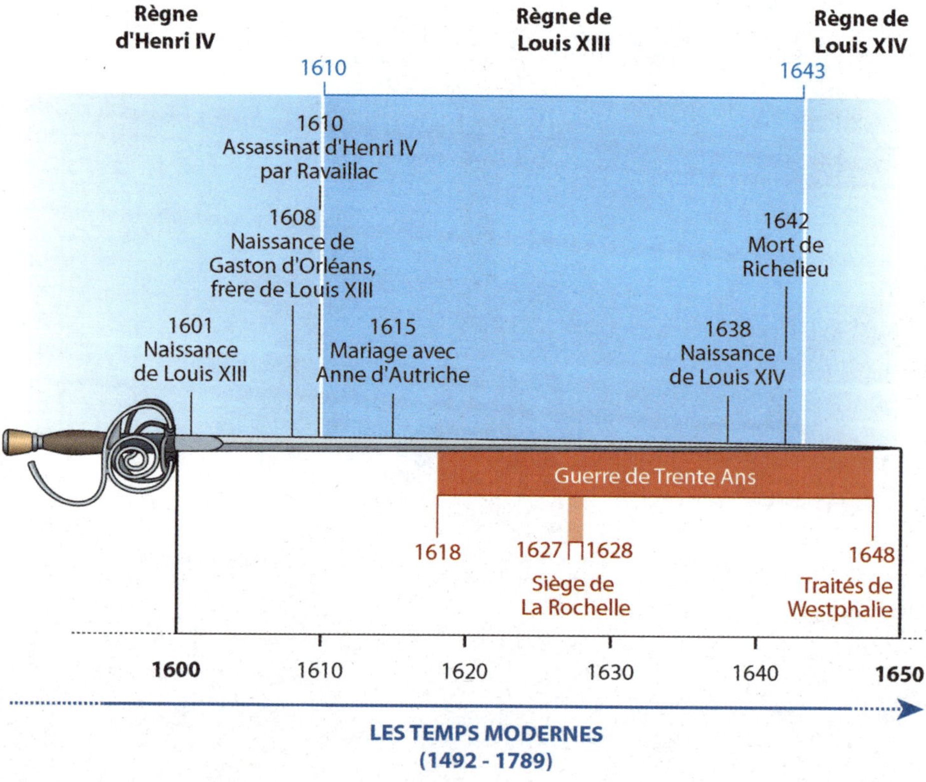
Règne d'Henri IV
Règne de Louis XIII
Règne de Louis XIV
1610
1643
1610 Assassinat d'Henri IV par Ravaillac
1608 Naissance de Gaston d'Orléans, frère de Louis XIII
1601 Naissance de Louis XIII
1615 Mariage avec Anne d'Autriche
1642 Mort de Richelieu
1638 Naissance de Louis XIV
Guerre de Trente Ans
1618
1627
1628
Siège de La Rochelle
1648
Traités de Westphalie
1600
1610
1620
1630
1640
1650
LES TEMPS MODERNES
(1492 - 1789)

Au bout du voyage

28 juin 1642. Le château fort de Tarascon domine le Rhône dont les flots sont grossis par les dernières pluies du printemps. Au premier étage de la forteresse, dans une pièce aux murs décorés de tapisseries, deux lits ont été installés côte à côte. Deux hommes malades y reposent. Ils sont les plus puissants personnages du royaume de France : Louis XIII, le souverain, âgé de quarante et un ans, et le duc Armand de Richelieu, cinquante-six ans, cardinal et premier ministre.

Tarascon : ville située au bord du Rhône, proche d'Arles

les flots : les eaux

un souverain : un roi

un cardinal : chef de l'Église catholique, électeur et conseiller du pape

« Eh oui, mon cher et fidèle Richelieu, nous voici, je le crains, au bout de notre voyage sur cette terre. Il est vrai que j'ai déjà échappé de peu à la mort. C'était à Lyon en septembre 1630. La fièvre me faisait délirer et je souffrais de ces affreuses douleurs de ventre qui ne m'ont pas quitté depuis mes vingt ans. Les médecins ont percé sept fois mon bras droit pour des saignées qui n'ont fait que m'épuiser, sans me guérir. Je suis allé aux toilettes quarante fois en une journée. J'étais si faible que j'ai bien cru mourir. »

Richelieu tourne vers le roi son mince visage dont les yeux restent vifs.

« Ce fut pour moi une grande inquiétude, Majesté. D'abord parce que je vous étais attaché ; ensuite parce que mes ennemis n'attendaient que votre mort pour me faire arrêter et exécuter. Il y avait contre moi votre frère Gaston, qui attendait votre trépas pour prendre votre place et n'a cessé de comploter contre vous. Il y avait Marie de Médicis votre mère, la reine Anne d'Autriche votre épouse et la plupart des grands seigneurs opposés à mes efforts pour restaurer le pouvoir du roi et la puissance de l'État. »

délirer : confondre la réalité et l'imaginaire à cause d'une forte fièvre

une saignée : traitement qui consistait, dans la médecine ancienne, à retirer du sang au malade à l'aide d'une grosse aiguille

vif : plein d'énergie

le trépas : la mort

restaurer : rétablir

L'enfance d'un roi

« Cela est vrai, Richelieu mon ami, vous avez été le seul sur qui j'ai toujours pu compter. Vous m'avez servi loyalement sans jamais me trahir. Je vais d'ailleurs vous prouver mon estime en vous confiant quelques secrets que je n'ai dits à personne. Tout le monde croit qu'être roi est un bonheur. Moi, je n'ai jamais été heureux. Lorsque j'étais enfant, j'ai aimé mon père, le bon roi Henri IV. Mais il n'était pas souvent

loyalement : avec fidélité

l'estime : opinion favorable, respect

présent et me faisait fouetter dès que je faisais une bêtise. Ma mère, Marie de Médicis, orgueilleuse et autoritaire, me préférait mon frère cadet Gaston.

cadet : plus jeune

– Aviez-vous des amis à qui vous confier ? demande Richelieu.

– Tout petit, répond Louis XIII, j'avais ma nourrice, que j'appelais Maman Doundoun, ma gouvernante Mamanga, qui me racontait des histoires, et mon médecin, le vieil et brave Héroard. Je ne manquais de rien, bien sûr : au petit-déjeuner, je mangeais des œufs à la coque ; pour le goûter, je me régalais de cerises confites ; le soir pour m'endormir on me donnait de la confiture de roses. Mais je manquais de l'affection de ma mère. Je me consolais avec mes animaux, Charbon, mon lévrier nain, un lapin, une chèvre et même des singes. J'aimais la musique, les jeux de quilles et surtout les batailles que j'organisais avec les soldats du corps de garde. Je m'y suis fait des amis très chers. »

confit : préparé et conservé dans du sucre

un lévrier : chien au corps mince, très rapide à la course

Richelieu s'apprête à parler. Il hésite. Il sait qu'il va aborder un sujet délicat

délicat : difficile à aborder

« La mort de votre père que vous aimiez tant et qui vous adorait, même s'il vous faisait fouetter, a dû être un coup terrible. »

Louis devient songeur. Oui, répond-il, tout a basculé lorsqu'il a été assassiné par le sinistre Ravaillac. Cet après-midi du 14 mai 1610, je ne l'oublierai jamais. Je n'avais que neuf ans. J'ai une excellente mémoire et je me rappelle précisément ce que j'ai dit alors : "Je voudrais bien que le roi mon père eût vécu encore vingt ans. Ha ! Le méchant qui l'a tué !" »

– Ainsi vous êtes devenu roi, remarque Richelieu.

– En effet. Dès la mi-octobre, je fus sacré à Reims. On me fit lever à cinq heures du matin et la cérémonie commencée à neuf heures et demie a duré jusqu'à plus de deux heures de l'après-midi. Il m'a fallu ensuite toucher les écrouelles de dizaines de malades qui espéraient ainsi guérir. Heureusement, j'ai fait mon devoir jusqu'au bout. »

Louis s'assied sur son lit. Il sourit : « Mais je vous parle de moi. Qu'en est-il de vous, monsieur le cardinal ? »

songeur : rêveur

sinistre : méchant, effrayant

être sacré : être couronné lors d'une cérémonie religieuse

des écrouelles : maladie de peau que les rois de France, croyait-on, avaient le pouvoir de guérir

La jeunesse d'un chef

On frappe trois coups à la porte. Un serviteur entre. Il s'adresse au roi :
« M. de La Rivière demande à être reçu par Votre Majesté.
– Il est envoyé par mon frère Gaston. Qu'il aille au diable. »
Le valet se retire en s'inclinant.

au diable : très loin

« Allons Richelieu, reprend Louis XIII, racontez-moi !
– J'ai vu le jour le 9 septembre 1585 à Paris. Je suis plus âgé que vous de seize années. Je suis le cinquième enfant d'une famille de grande noblesse. J'ai passé mes huit premières années dans un manoir de campagne, en Poitou. Moi aussi j'ai été élevé au fouet. Comme j'avais deux frères aînés (et trois sœurs), je ne comptais pas beaucoup. Après mes études, je me suis battu pour devenir évêque de Luçon. Cet endroit tout crotté m'a assuré de quoi vivre. J'avais comme devise : “Il est toujours en vous de vaincre si vous voulez.”
– Est-ce là que vous avez rencontré votre “éminence grise” comme on dit ? demande le roi.

un manoir : un petit château

Luçon : ville de Vendée

une devise : une formule qui exprime une règle de conduite

une éminence grise : un conseiller secret

– Oui, j'ai connu alors le père Joseph dont la robe grise lui a valu ce surnom. Il portait toujours la barbe en broussaille. Cela lui était égal. Il a été mon conseiller jusqu'à sa mort il y a quatre ans. Je le regrette beaucoup.
– Mais comment êtes-vous parvenu au sommet du pouvoir ? interroge le roi.
– Je suis venu à Paris et, en 1615, je suis devenu l'aumônier de votre mère. Elle était alors régente et dirigeait le pays parce que vous étiez trop jeune pour gouverner. C'est elle qui m'a fait devenir secrétaire d'État en 1616. Chaque matin, j'ouvrais et vous lisais, ainsi qu'à votre mère, les lettres de nos ambassadeurs et celles des chefs militaires.

un aumônier : prêtre chargé du service religieux

un régent : personne qui gouverne un royaume avant la majorité d'un roi (fixée à 14 ans) ou en son absence

un secrétaire d'État : un ministre

un ambassadeur : personne qui représente un État à l'étranger

– Je m'en souviens, dit le roi, vous travailliez alors surtout pour ma mère et son conseiller, l'Italien Concini !

– Que vous avez fait assassiner le 24 avril 1617 ! » réplique Richelieu.

Louis ne regrette rien : « C'était un ambitieux arrogant, qui s'enrichissait aux dépens du royaume et osait porter chapeau en ma présence. Avec sa femme Leonora Galigaï qui avait envoûté ma mère, il pillait le trésor et gouvernait comme un roi. Or, il ne peut y avoir deux rois en France. Le baron de Vitry, mon capitaine des gardes, et ses lieutenants l'ont bloqué à l'entrée du Louvre. Ils lui ont déchargé leurs pistolets dans le corps. “À cette heure, je suis roi”, me suis-je exclamé.

Vous aviez à peine plus de quinze ans, Sire.

Vous avez fait enfermer votre mère dans un château des bords de la Loire, vous avez choisi vos propres ministres et vous m'avez chassé.

– En ce temps, votre intelligence me faisait peur », remarque Louis.

aux dépens : au détriment

envoûté : ensorcelé

piller : voler

Le plus beau des favoris

On frappe de nouveau à la porte. Un valet entre et annonce l'arrivée de l'ambassadeur de Venise, Giustiniani. « J'ai demandé que l'on ne nous dérange pas. Sortez. »

« Vous me demandiez tout à l'heure, Richelieu, si j'ai eu des amis. Oui, j'ai aimé Charles d'Albert de Luynes que j'ai rencontré dès 1611. Je l'ai aimé parce qu'il m'aimait. En revanche, je n'ai jamais eu d'affection pour ma femme Anne d'Autriche. La reine, ma mère, m'a contraint à l'épouser en 1615 parce qu'elle était la fille du roi d'Espagne. Anne était belle, avec ses cheveux blonds et sa peau blanche. Je refusais pourtant de prendre mes repas avec elle et d'aller dans sa chambre. C'est de Luynes qui, un soir de fin janvier 1619, m'a convaincu de rejoindre ma femme. Il m'a pris dans ses bras et déposé sur le lit d'Anne. Ne le répétez pas, mais voilà bien comment les choses se sont déroulées. Nous n'avons pas eu d'enfant tout de suite. Il a fallu attendre vingt-deux ans la naissance de mon héritier, le petit Louis le Dieudonné. Il ne tardera pas à devenir Louis XIV. »

contraindre : obliger

un héritier : personne qui succédera au roi

Richelieu se lève pour aller jusqu'à la fenêtre contempler le fleuve.
« J'ai tout offert à de Luynes, reprend Louis XIII, argent et honneurs ; je l'ai élevé au rang de connétable de France. Mais lorsqu'il est mort de maladie en décembre 1621, j'avoue avoir ressenti comme une libération. Il me dominait trop. Dès cet instant, j'ai décidé de diriger la France moi-même avec l'aide de conseillers. Et vous avez été pendant dix-huit ans, Richelieu, le principal de mes ministres. »

contempler : examiner avec attention

connétable : chef des armées d'un royaume

Richelieu a un petit sourire qui soulève sa moustache en pointes et sa fine barbe noire. Il repense à tous les combats qu'il a dû mener pour obtenir la confiance du roi. D'abord, il s'est rapproché de la reine mère exilée. Il est devenu son homme de confiance. Il a réussi à réconcilier la grosse et intraitable Marie de Médicis avec son fils. Pour le remercier, Marie a obtenu du pape qu'il devienne cardinal en 1622. Depuis lors, il n'a plus quitté la robe et le bonnet rouge des éminences. Le 29 avril 1624, enfin, il a obtenu l'autorisation de siéger au conseil du roi qui se tenait chaque mardi à huit heures du matin. En août, il en est devenu le chef.

exilé : chassé de son pays et obligé de vivre à l'étranger

éminence : titre donné à un cardinal

Le siège de La Rochelle

Richelieu se retourne vers le roi :
« Si vous m'avez choisi, Majesté, c'est que j'ai toujours su ne pas vous imposer mes idées. Je vous exposais les faits, je vous montrais la voie à suivre, mais vous décidiez toujours. Je vous en livre aujourd'hui la confidence : j'ai toujours eu peur que vous ne me fassiez subir le sort que vous avez réservé à Concini.
– Je ne l'ai pas voulu, mon cher Richelieu, car j'ai en premier lieu le souci de la France. Vous avez été comme un père pour moi. Parfois vous m'exaspériez, mais je savais que vous aviez raison. C'est pourquoi je vous ai gardé, envers et contre tous. J'ai vu votre courage et reconnu votre fidélité lors du siège du port fortifié de La Rochelle. L'enjeu était d'importance. Il fallait faire rentrer les protestants dans l'obéissance. Ils n'en faisaient qu'à leur tête dans les provinces qu'ils dominaient. Ils s'alliaient même avec nos ennemis les Anglais contre moi. Je ne pouvais l'admettre. Dans cette épreuve de force, vous avez été à mes côtés. Je n'oublierai jamais que vous avez payé nos troupes de votre propre argent.
– Merci, Majesté. Il fallait agir au plus vite. Je me suis rendu sur place. J'ai revêtu une cuirasse

livrer : révéler

une confidence : un secret

exaspérer quelqu'un : le mettre très en colère

un siège : opération militaire destinée à prendre une ville

un enjeu : ce qu'il y a à gagner

un protestant : les protestants sont des chrétiens qui remettent en cause l'autorité du pape

sur ma robe de cardinal. Puis j'ai ordonné que la ville soit bloquée aussi bien du côté de la terre que de la mer pour éviter qu'elle ne soit secourue par les navires anglais. Le siège a duré du 10 septembre 1627 au 30 octobre 1628. Vous m'avez donné tous les pouvoirs, m'établissant général de l'armée. J'ai fait bâtir sur plus de un kilomètre et demi une formidable digue en pierre hérissée de pieux. Il fallait la restaurer après chaque tempête et chaque bombardement des canons de La Rochelle. Vous êtes venu plusieurs fois inspecter les travaux. Le 28 septembre 1628, 114 vaisseaux de guerre ennemis sont apparus au large ; ils n'ont pu débarquer. Et les Rochelais se sont rendus, implorant votre grâce. Quand nous sommes entrés dans la ville, la plupart des habitants étaient déjà morts de faim. »

une digue : une construction qui sert à arrêter l'eau de la mer

restaurer : réparer

implorer : demander en suppliant

la grâce : le pardon

Contre les duels et la noblesse

à leur guise : comme il leur plaisait

la féodalité : organisation des pouvoirs au Moyen Âge reposant sur le pouvoir des seigneurs sur leurs vassaux

un duel : un combat homme à homme

se défier : vouloir se battre avec quelqu'un

décapiter : couper la tête

la place de Grève : l'actuelle place de l'Hôtel de Ville à Paris où se déroulaient, à cette époque, les exécutions

comploter : préparer en secret une action contre quelqu'un

Le roi s'allonge de côté, à moitié relevé sur un coude :

« Avouez que nous avons eu plus de difficultés avec les fils des grandes familles qui prétendaient agir à leur guise comme du temps de la féodalité. Vous avez interdit les duels, monsieur le cardinal. Mais vous ne vouliez pas la peine de mort contre ceux qui se battaient malgré votre interdit. C'est moi qui ai fait exécuter les nobles qui se défiaient pour la moindre occasion, une bousculade, un regard jugé agressif, une prétendue atteinte à leur honneur. Prenez le cas du jeune François de Montmorency. En 1624, il avait tué en duel le comte de Pontgibaut pour je ne sais plus quelle bagatelle ; en 1626, il envoyait dans l'autre monde le jeune comte de Torigny. En mai de l'année suivante, avec deux amis, il tuait plusieurs seigneurs, dont le brave marquis de Bussy d'Amboise. Reconnaissez que j'ai bien fait de le faire décapiter en place de Grève !

– Oui, Majesté, il fallait faire un exemple. De même, il était nécessaire de punir tous ceux qui complotaient à tout propos contre nous. »

Richelieu songe alors à tous les nobles qui avaient payé des sorciers pour lui jeter des sorts, qui montaient des guets-apens pour le faire assassiner. S'il n'avait pas mis sur pied un dense réseau d'informateurs et d'espions, il y a longtemps qu'il serait mort.

un guet-apens : une embuscade, un piège destiné à surprendre l'ennemi

dense : important

« Vous pensez sans doute, mon cher ministre, à Gaston, celui que l'on appelle Monsieur et qui se pense à l'abri de la justice parce qu'il est mon frère. Je lui ai pardonné plusieurs fois mais je n'ai pas épargné ses complices. Rappelez-vous le jeune Henri de Talleyrand-Périgord, comte de Chalais, qui projetait de vous tuer. Je l'ai fait condamner à mort. »

Le roi frémit : lors de l'exécution, comme il n'y avait pas de bourreau disponible, on avait fait sortir de prison un détenu qui avait utilisé une épée non tranchante pour lui couper le cou. Il avait dû s'y reprendre à trente fois pour séparer la tête du corps.

frémir : être agité par un léger tremblement

un bourreau : personne chargée d'exécuter les condamnés à mort

La journée des Dupes

Louis XIII et Richelieu sont plongés dans ce souvenir. Ils n'ont pas entendu entrer un garde qui annonce :
« Le comte de Chavigny souhaite parler à Monseigneur le cardinal. »
Richelieu s'exclame :
« Dites au comte que je le verrai tout à l'heure. »
Puis il reprend la parole :
« L'un de mes ennemis, Sire, était encore plus proche de vous. C'était votre propre mère. J'ai admiré votre courage quand vous l'avez affronté. C'était le 11 novembre 1630. Un témoin a qualifié cet événement de "Journée des Dupes". Je venais de rentrer de Lyon juste après votre guérison. Votre mère était dans son palais parisien du Luxembourg. Je vous avais retrouvé dans votre château de Saint-Germain-en-Laye. Nous avions regagné Paris ensemble le 9. Le dimanche 10 dans la soirée, votre mère m'a convoqué pour me dire qu'elle n'avait plus confiance en moi. Qu'elle espérait ma ruine. Vous avez essayé, Majesté, de nous réconcilier. Le lundi 11, vous avez organisé un rendez-vous chez Marie. Mais celle-ci avait ordonné de fermer les portes derrière vous pour m'interdire

dupe : personne trompée

réconcilier : rétablir de bonnes relations

l'entrée de ses appartements. Heureusement, je connaissais les lieux. Je suis passé par une chapelle. De là, un escalier sombre accédait par un couloir secret à la chambre de votre mère. Je suis entré. Marie a été surprise ; elle s'est mise en colère. Elle vous a dit de choisir entre elle et moi. J'ai pleuré, je l'avoue. Vous m'avez demandé de vous attendre dehors, puis vous m'avez fixé rendez-vous à Versailles. »

Un sourire éclaire le visage royal encadré de longues boucles de cheveux : « Toute la noblesse se réjouissait déjà de votre disgrâce, Richelieu. Je me suis retiré en pleine forêt, dans ma petite maison de Versailles, pour réfléchir. En vous attendant, je me suis allongé sur un lit de l'une des quatre chambres de l'étage. J'étais si en colère contre ma mère que mon ventre a gonflé et tous les boutons de mon pourpoint ont sauté. Quand vous êtes arrivé, vous m'avez proposé votre démission. J'ai refusé. Le lendemain, j'ai fait savoir à ma mère que je vous garderais jusqu'à la mort. Et c'est ma mère que j'ai chassée. Elle s'est réfugiée à l'étranger d'où elle n'a pas cessé de comploter contre moi. Elle est morte le 3 juillet dernier en Allemagne, sans que je l'aie revue. »

accéder : arriver

une disgrâce : la perte de la faveur royale

se retirer : se réfugier à l'écart

un pourpoint : une veste courte

Anne d'Autriche

« Et la reine votre épouse ? demande Richelieu qu'un violent mal de tête contraint à s'étendre sur le lit.
– Elle m'a donné deux fils, répond Louis. Je lui en suis reconnaissant. Ma descendance est assurée. Mais je n'ai guère apprécié qu'elle se laisse courtiser par cet Anglais riche et beau, le duc de Buckingham. Je ne vous cache pas avoir été jaloux quand j'ai appris qu'il lui avait déclaré son amour jusque dans sa chambre, en présence de ses dames de compagnie. Je suis persuadé qu'ils ont eu l'un pour l'autre de tendres sentiments. »
Richelieu lève le bras comme pour demander la parole, mais il ne peut retenir une plainte. Un affreux abcès le fait tellement souffrir. Il a tôt fait de se reprendre.
« Si un reproche doit être fait à la reine, il est plutôt d'avoir poursuivi ses relations avec sa famille espagnole. Nous sommes en guerre avec l'Espagne. Pourtant, votre femme a écrit plusieurs fois à son frère Philippe IV d'Espagne et au gouverneur des Pays-Bas pour leur révéler les mouvements de nos troupes. Il s'agit d'une trahison. Par bonheur, j'ai intercepté ses lettres écrites en langage codé. Je vous les ai apportées dès août 1637. »

courtiser : faire la cour, chercher à plaire

être persuadé : avoir la certitude

un abcès : une plaie qui s'est infectée

tôt : vite

intercepter : arrêter au passage

Le roi se lève. Il va vers le cardinal, s'assied près de lui et lui dit presque à l'oreille :
« Vous m'avez demandé de ne rien révéler de sa trahison. J'ai accepté, mais je lui ai quand même ordonné de noter par écrit la confession de sa trahison. J'ai conservé cette lettre.
Désormais, la reine restera loyale à la France. »

En guerre

De nouveau, on frappe à la porte. Un valet entre. Il porte un plateau de boissons sucrées et de gâteaux.
« Je n'ai rien demandé, s'écrie le roi. Je ne veux plus être dérangé. Laissez quand même votre plateau.
– Je prendrais bien de ce biscuit », remarque Richelieu.
Le roi le lui tend.

« Ce biscuit, poursuit le cardinal, me fait repenser à la vie sur les champs de bataille. Je vous revois, Sire, toujours en première ligne dans les combats, sous la mitraille. En août 1636, lorsque les ennemis espagnols menaçaient Paris, c'est vous qui avez organisé la résistance. Vous avez recruté des volontaires, réquisitionné les chevaux, fait détruire les ponts qui donnaient accès à la capitale. Je dois vous avouer qu'à un moment j'ai douté. Le peuple me huait dans les rues. Des nobles à la solde de votre frère cherchaient à m'assassiner. Mais je suis reparti au combat pour vous épauler au milieu de vos troupes. Et ensemble nous avons vaincu. »

en première ligne : à l'avant des combats

la mitraille : morceaux de ferraille dont on chargeait les canons

réquisitionner : imposer de se faire remettre quelque chose

huer : pousser des cris de haine

épauler : aider

Le roi prend un gâteau :
« Je pense profondément, mon cher cardinal, que nous avons été aidés par la volonté de Dieu. N'oubliez pas que j'ai alors placé la France sous la protection de la Vierge Marie. Je ne doute pas qu'elle nous a beaucoup aidés. Et vous avez contribué à notre victoire en développant notre marine de guerre, en payant en temps voulu nos soldats.
– Hélas aussi, Majesté, en augmentant les impôts sur les populations qui se sont souvent révoltées. Nous avons dû réprimer dans le sang ces rébellions. Il a fallu aussi de nouveau combattre les grands seigneurs. Regardez votre tout dernier favori, le jeune Henri d'Effiat, marquis de Cinq-Mars. Il traitait avec l'Espagne et voulait me faire assassiner. Je vous ai prouvé sa trahison et vous avez accepté de le condamner à mort. J'ai craint un moment que vous ne m'abandonniez. Mais je garde précieusement votre lettre où vous m'avez écrit : "Quelque faux bruit qu'on fasse courir, je vous aime plus que jamais ; il y a trop longtemps que nous sommes ensemble pour être jamais séparés." »

Louis XIII ne dit mot.

contribuer : être utile, participer

réprimer : arrêter par la force

une rébellion : une révolte

ne dire mot : se taire

La fortune et la gloire

Après un long silence, le roi dit :
« Ensemble, nous avons élevé la France au premier rang des puissances d'Europe. Et j'ai fait de vous le personnage le plus riche et le plus redouté du royaume. Vous avez un magnifique palais au cœur de Paris, plusieurs châteaux autour de la capitale et votre immense domaine de Richelieu. Je vous ai fait duc ; je vous ai accordé pour votre protection cent gardes à cheval et deux cents mousquetaires à pied. Vous possédez des bijoux, des tableaux, des sculptures en quantité. Et une bibliothèque de plus de six mille livres.
– C'est exact, Majesté. Mais ces richesses, je les tiens à votre disposition. Une partie de ma fortune vous reviendra. Je ferai don de mes livres à la bibliothèque de l'université de la Sorbonne dont je suis le proviseur. Mon Palais-Cardinal à Paris sera vôtre. Je ne doute pas que vous en ferez après ma mort un Palais-Royal. Quant au luxe de mes réceptions et de mes déplacements, il n'avait pour objet que de marquer la puissance de l'État et du roi que je représente. J'ai eu personnellement une vie simple. Je n'ai dormi toutes ces années que quatre heures par nuit. J'ai beaucoup travaillé

faire don : offrir

un proviseur : le responsable

avec mes secrétaires, beaucoup prié aussi. Et dans l'intimité je mangeais le plus souvent seul ou avec un conseiller, me contentant d'un plat et d'une salade.

– Moi-même, dit le roi, j'ai toujours eu horreur de la foule des courtisans, d'autant que je bégaie. J'ai des goûts simples. Savez-vous que je cuisine des petits plats ? Je réussis à merveille les confitures et les tartes à la pomme et aux coings. Je vous en ferai un jour. Dès que je le peux, je me retire dans ma forge où je fabrique de petits canons ; j'aime aussi réaliser des paniers en osier. Mais je sais qu'il faut paraître pour s'affirmer. Et je vous suis reconnaissant d'avoir créé l'Académie française composée des meilleurs hommes de lettres pour la gloire de mon règne. »

dans l'intimité : en privé

un courtisan : un noble qui vivait à la cour des rois

paraître : se montrer au regard du public

Le roi se dirige lentement vers la fenêtre. « Le jour tombe. Il est temps de nous séparer. »

Richelieu meurt à Paris le 4 décembre 1642. Il a cinquante-sept ans. Il s'est choisi un successeur de talent, le cardinal Mazarin, que Louis XIII accepte aussitôt.

Louis meurt cinq mois plus tard, le jeudi 14 mai 1643, au château de Saint-Germain-en-Laye. Il a régné trente-trois ans.

1643
1642

Alain Dag'Naud

Les trois mousquetaires

Illustré par Christian Kingue Epanya

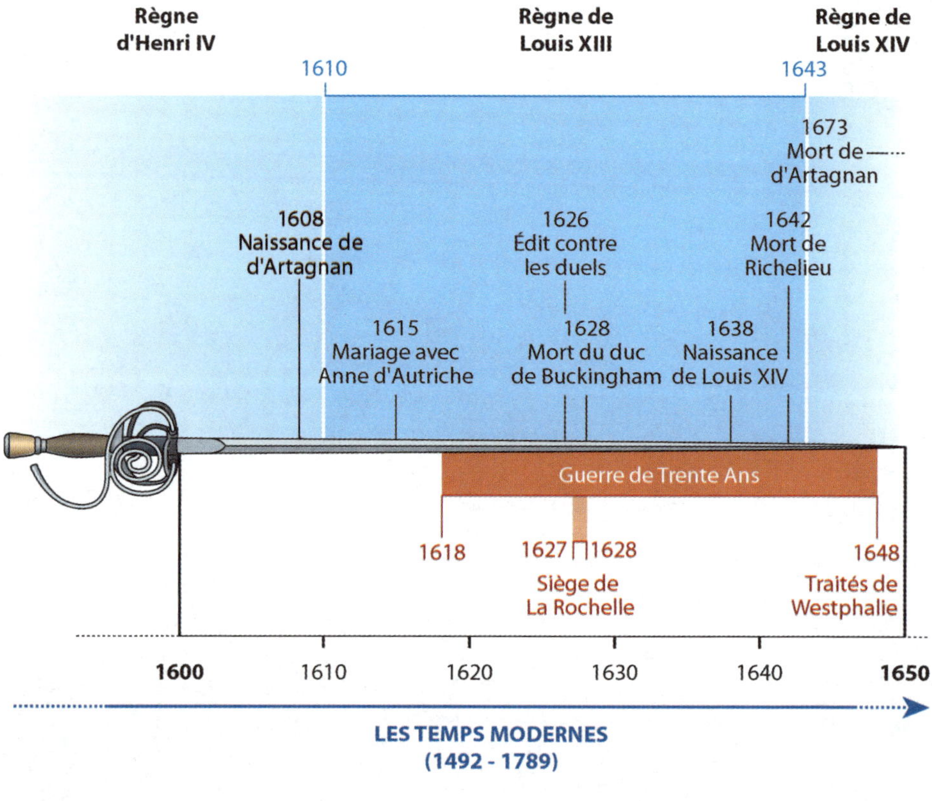
Règne d'Henri IV
Règne de Louis XIII
Règne de Louis XIV
1610
1643
1673
Mort de d'Artagnan
1608
Naissance de d'Artagnan
1626
Édit contre les duels
1642
Mort de Richelieu
1615
Mariage avec Anne d'Autriche
1628
Mort du duc de Buckingham
1638
Naissance de Louis XIV
Guerre de Trente Ans
1618
1627
1628
Siège de La Rochelle
1648
Traités de Westphalie
1600
1610
1620
1630
1640
1650
LES TEMPS MODERNES
(1492 - 1789)

Les cadeaux d'un père à son fils

Près du village fortifié de Lupiac dans la belle province de Gascogne, au sud-ouest de la France, naquit Charles de Batz de Castelmore d'Artagnan. C'était en 1608, deux ans avant que le bon roi Henri IV ne soit assassiné par l'affreux Ravaillac.

Gascogne : région qui correspond à l'actuel département du Gers

Nous voici en avril 1625. Le jeune d'Artagnan âgé de dix-sept ans, batailleur et fougueux, s'apprête à se rendre à Paris. Il veut découvrir la grande ville agitée dont ses amis lui ont parlé. Il a fait le rêve de connaître la gloire et la fortune au service du roi Louis XIII, dans la compagnie des Mousquetaires.

fougueux : plein d'ardeur

un mousquetaire : gentilhomme armé chargé de la garde personnelle de Louis XIII, puis de Richelieu

Au moment du départ, le père dit à son fils : « Mon fils, je vous confie ce cheval à robe jaune et voûté de la tête. Il est né ici même il y a treize ans ; il est resté auprès de moi tout ce temps. Aimez-le, soignez-le, ne le vendez jamais.

la robe (d'un cheval) : la couleur (de son pelage)

Vous êtes jeune, vous devez être brave pour deux raisons : la première, c'est que vous êtes gascon, et la seconde, c'est que vous êtes mon fils. Je vous ai fait apprendre à manier l'épée, vous avez un poignet d'acier, battez-vous si votre honneur est en cause.

gascon : habitant de la Gascogne, province du Sud-Ouest

un écu : ancienne monnaie royale

Je n'ai hélas à vous donner que quinze écus et les conseils que vous venez d'entendre.
Aussitôt arrivé à Paris, allez voir M. de Tréville qui était mon voisin autrefois. Le voilà capitaine des mousquetaires. C'est un fort grand seigneur. Remettez-lui cette lettre et obtenez sa protection. »
Sur quoi, M. d'Artagnan père offre à son fils sa propre épée et l'embrasse tendrement sur les deux joues.
En sortant du château, le jeune homme trouve sa mère qui l'attend. Elle lui remet un baume qu'elle tient d'une bohémienne, baume qui a le pouvoir miraculeux de guérir toute blessure qui n'atteint pas le cœur. La pauvre femme prend son fils dans ses bras et pleure abondamment. Le jeune homme, quelque effort qu'il fasse pour rester ferme, ne peut retenir ses larmes. Les adieux sont longs et tendres. D'Artagnan enfin se met en route pour la grande aventure.

un baume : une pommade utilisée pour soigner

Chez le capitaine des mousquetaires

acéré : perçant

une antichambre : une grande pièce qui sert de salle d'attente

un laquais : un serviteur

En chemin, notre jeune chevalier ne passe pas inaperçu, avec son béret orné d'une plume. Mais chacun comprend qu'il vaut mieux ne pas se moquer lorsqu'on croise le regard fier et acéré de d'Artagnan. Celui-ci arrive enfin à Paris. Il se rend aussitôt chez M. de Tréville, rue du Vieux-Colombier, non loin de l'abbaye de Saint-Germain-des-Prés. Dans la cour, une cinquantaine de mousquetaires armés et prêts à tout font les cent pas. Le cœur battant, d'Artagnan fend la foule et rejoint l'antichambre.

Un valet de chambre, ne le connaissant pas, lui demande ce qu'il désire. « Être reçu par le capitaine des mousquetaires. Dites-lui que je suis de Gascogne comme lui. » Bientôt, le laquais annonce haut et fort : « M. de Tréville attend M. d'Artagnan ». Le jeune homme entre et s'incline jusqu'à terre : « Monsieur, je veux devenir mousquetaire. » M. de Tréville prend un air songeur : « Hélas, une décision de Sa Majesté a prévu qu'on ne reçoit personne mousquetaire avant l'épreuve de quelques batailles. En attendant, je vous inscris à l'Académie royale où vous apprendrez l'escrime et la danse. Jeune homme, soyez patient. »

Athos, Porthos et Aramis

D'Artagnan déçu sort de la pièce. Il traverse en trois bonds l'antichambre. Dans sa hâte, il donne tête baissée dans un mousquetaire du nom d'Athos, le heurtant de front à l'épaule.
« Excusez-moi, dit d'Artagnan, mais je suis pressé. » Un poignet de fer le saisit.
« Vous êtes pressé ! s'écrie le mousquetaire, et sous ce prétexte vous me heurtez. Vous n'êtes pas poli.
– Morbleu, Monsieur ! Ce n'est pas vous qui me donnerez une leçon de belles manières.
– Monsieur le pressé, c'en est trop ; battons-nous en duel.
– Et où cela, s'il vous plaît ?
– Près des Carmes vers midi.
– C'est bien, j'y serai. »
D'Artagnan se remet à courir. À la porte de la rue, un autre mousquetaire du nom de Porthos cause avec un soldat de garde. Le jeune homme s'élance entre les deux causeurs, mais il s'emmêle dans le manteau du mousquetaire.
« Excusez-moi, mais je suis pressé. »
Porthos écume de rage et fait un mouvement pour frapper d'Artagnan.
« Plus tard, lui crie celui-ci, quand vous n'aurez plus votre manteau.

heurter de front : bousculer

un prétexte : une mauvaise raison

morbleu : juron

des carmes : des moines

écumer de rage : être fou de colère

– Retrouvons-nous donc à une heure, derrière le Luxembourg.
– Très bien, j'y serai », répond d'Artagnan.
À quelque distance, d'Artagnan avise un mousquetaire qui discute avec trois gardes du roi. Il s'aperçoit que celui-ci a laissé tomber un mouchoir et qu'il a mis le pied dessus.

aviser : apercevoir

D'Artagnan se précipite pour le ramasser, tire avec force le mouchoir de dessous le pied du mousquetaire qui s'efforce de le retenir.
« Voilà, Monsieur, un beau mouchoir brodé que vous seriez fâché de perdre.
– Ah, Ah ! s'écrie l'un des gardes, mais c'est le mouchoir de Mme de Bois Tracy. Cher Aramis, diras-tu maintenant que tu ne la connais pas ? »
Aramis rougit et s'éloigne. D'Artagnan le rejoint.
« Monsieur, vous m'excuserez, je l'espère.
– Monsieur, l'interrompt Aramis, en insistant, vous n'avez pas agi comme un galant homme.
– Monsieur, vous avez tort de chercher à m'humilier, répond le Gascon.
– Ah ! Vous le prenez sur ce ton, jeune homme. À deux heures, j'aurai l'honneur de me battre avec vous. »

galant : délicat, obligeant

humilier : rabaisser quelqu'un pour le couvrir de honte

Le duel

Après avoir demandé son chemin, d'Artagnan se rend seul au rendez-vous d'Athos. Lorsqu'il arrive en vue du petit terrain vague proche du couvent des Carmes, Athos est là et midi sonne.
« Monsieur, dit Athos, j'ai fait prévenir deux de mes amis qui me serviront de témoins.
– Je n'ai pas de témoins, moi, Monsieur, car arrivé ce matin seulement à Paris, je n'y connais encore personne. »
Au bout de la rue apparaît le gigantesque Porthos.
« Voici M. Porthos.
– Quoi ! s'écrie d'Artagnan, votre premier témoin est M. Porthos ?
– Oui, cela vous contrarie-t-il ?
– Non, aucunement.
– Et voici le second, M. Aramis. »
D'Artagnan se retourne du côté indiqué par Athos et reconnaît l'homme au mouchoir.
« Quoi ! Votre second témoin est M. Aramis ?
– Sans doute, ne savez-vous pas qu'on ne nous voit jamais l'un sans l'autre, et qu'on nous appelle les trois inséparables ? »
Porthos s'est rapproché.
« Qu'est-ce que cela ? fait-il.

un témoin : une personne qui assiste un ami qui va se battre en duel

contrarier : fâcher

– C’est avec Monsieur que je me bats, dit Athos en montrant de la main d’Artagnan.
– C’est avec lui que je me bats aussi, dit Porthos.
– Mais à une heure seulement, répond d’Artagnan.
– Et moi aussi, c’est avec monsieur que je me bats, dit Aramis.
– Mais à deux heures seulement », fait d’Artagnan avec calme. Et il tire l’épée.
« Quand vous voudrez, Monsieur », dit Athos en se mettant en garde.

Tous pour un, un pour tous !

Les deux épées ont à peine résonné en se touchant qu'une escouade des gardes du cardinal de Richelieu se montre à l'entrée du terrain.

« Holà ! s'écrie le commandant, on se bat donc ici en dépit de l'interdit. Rangez vos épées s'il vous plaît et suivez-nous.

– Ils sont cinq, dit Athos à demi-voix, et nous ne sommes que trois. »

D'Artagnan, se tournant vers Athos et ses amis :

« Messieurs, dit-il, vous avez dit que vous n'étiez que trois, mais il me semble, à moi, que nous sommes quatre.

– Mais vous n'êtes pas des nôtres, dit Porthos.

– C'est vrai, je n'ai pas l'habit, mais j'ai l'âme.

– Décidément vous êtes un brave garçon, dit Athos en serrant la main du jeune homme.

– Eh bien ! Athos, Porthos, Aramis et d'Artagnan, en avant ! Tous pour un, un pour tous ! » crie Athos.

une escouade : un petit groupe de gardes

en dépit de : malgré

l'âme : l'esprit

rude : violent

faire merveille : se distinguer par des actions remarquables

s'incliner : faire une révérence

Et les mousquetaires se précipitent sur les gardes du cardinal. Le combat est rude. D'Artagnan fait merveille, envoyant voler l'épée d'un adversaire, blessant gravement le chef des gardes. Ceux-ci ont tôt fait de reconnaître leur défaite.

L'affaire fait grand bruit. Le soir même, M. de Tréville est convoqué chez le roi.

« Venez, monsieur le capitaine, que je vous gronde, dit Louis XIII. Savez-vous que Son Éminence est venue me faire des plaintes sur vos mousquetaires. Mais ils n'étaient pas seuls, vos mousquetaires, il y avait avec eux un tout jeune homme. Comment s'appelle-t-il ?

– D'Artagnan, Sire, et je vous le recommande.

– Je veux voir ce jeune homme, Tréville. Je le recevrai demain à midi. Amenez-moi aussi ses trois amis. »

Le lendemain, les mousquetaires sont introduits dans l'antichambre du roi, au Louvre.

« Venez ici, d'Artagnan », dit Louis XIII. Le jeune homme s'incline. « Je n'approuve pas votre désobéissance à l'égard des gardes du cardinal de Richelieu. » Il sourit. « Mais j'admire votre courage. Voici une bourse de monnaie d'or pour vous aider dans vos premiers pas à Paris. Allez maintenant, et servez-moi bien. »

L'enlèvement de Madame Bonacieux

D'Artagnan partage les pièces d'or avec ses amis. Sa part lui permet d'engager un serviteur du nom de Planchet et de louer un petit deux-pièces proche de la Seine. Mais, trois mois plus tard, le jeune homme a dépensé tout son argent en soupers avec ses compagnons et en leçons d'escrime. Il réfléchit à la situation lorsque l'on toque à sa porte. Planchet ouvre à un petit homme bedonnant qui s'adresse à d'Artagnan. « Je suis M. Bonacieux, votre propriétaire. Je sais votre réputation de bravoure. J'ai besoin de vous. Ma femme est lingère chez la reine Anne d'Autriche. Elle a été enlevée hier matin par les hommes du cardinal. Pourriez-vous découvrir les raisons de son enlèvement. Vous me devez des loyers. Je vous en ferai cadeau et vous hébergerai gratuitement si vous la retrouvez.
– Je ferai mon possible », conclut d'Artagnan. À ce moment, on entend des coups violents contre l'huis du rez-de-chaussée, une bousculade dans l'escalier et la porte de l'appartement de d'Artagnan qui s'ouvre brutalement. Quatre gardes du cardinal surgissent dans la pièce : « Monsieur Bonacieux ? Nous vous arrêtons sur ordre de Son Éminence. »

toquer : frapper

bedonnant : qui a un gros ventre

la réputation : ce qui est dit à propos de quelqu'un

une lingère : une personne chargée de l'entretien des vêtements

héberger : loger

l'huis : la porte *(mot ancien)*

D'Artagnan doit laisser emmener le pauvre Bonacieux. Le silence se fait, mais des hommes sont restés en bas, prêts à arrêter et interroger quiconque se présentera. C'est une souricière. D'Artagnan ôte une latte de son plancher pour mieux entendre ce qui se passe en dessous. Le soir, on entend frapper à la porte de la rue. Aussitôt, la porte s'ouvre et se referme. Quelqu'un s'est fait prendre. D'Artagnan se couche ventre à terre et écoute :
« Mais je vous dis que je suis Constance Bonacieux ! » s'écrie la malheureuse femme. Sa voix est de plus en plus étouffée.
« Ils la bâillonnent », pense d'Artagnan qui s'empare de son épée, s'accroche de la main au rebord extérieur de la fenêtre et se laisse tomber du premier étage dans la rue. Puis il va frapper à l'huis. Des pas s'approchent. Lorsque la porte s'ouvre, d'Artagnan, l'épée nue, s'élance ; il a tôt fait de mettre en fuite quatre hommes vêtus de noir, sans doute des espions du cardinal.
« Ah, Monsieur, vous m'avez sauvée », dit la jeune femme.

une souricière : un piège

une latte : une lame de parquet

bâillonner : poser un bandeau de tissu sur la bouche de quelqu'un pour l'empêcher de parler

La reine et le duc de Buckingham

du renfort : d'autres personnes armées

coupable : amoureuse

« Les hommes que j'ai mis en fuite vont revenir avec du renfort ; sauvons-nous », s'exclame d'Artagnan, entraînant la jeune femme.
Ils s'enfuient sans se donner la peine de refermer la porte et ne s'arrêtent que devant l'église Saint-Sulpice.
« Avant de vous quitter, dit Constance, je vous dois une explication. J'ai été enlevée sur ordre du cardinal de Richelieu. Il veut savoir si la reine Anne d'Autriche, ma maîtresse, n'entretient pas une relation coupable avec le duc de Buckingham, le plus puissant seigneur du royaume d'Angleterre. J'étais tenue enfermée dans une chambre mais j'ai profité d'un moment où l'on m'a laissée seule, et, à l'aide de mes draps, je suis descendue par la fenêtre ; puis je suis accourue chez moi. Maintenant je dois partir au plus vite, car voilà minuit qui sonne.
– Puis-je vous accompagner ? demande d'Artagnan.
– N'en faites rien. Adieu, mon ami. »
Mme Bonacieux se dirige vers la Seine qu'elle franchit. Parvenue au pied du Louvre, Constance se dirige vers une porte discrète où l'attend un homme vêtu d'une cape noire. Un garde les laisse entrer ; il connaît la servante de la reine.

Une fois dans la cour, ils suivent le pied de la muraille sur vingt-cinq pas. Constance pousse une porte qui cède. Tous deux entrent et se trouvent dans l'obscurité. Constance prend l'homme par la main, fait quelques pas en tâtonnant, saisit une rampe, touche du pied une marche et commence de monter un escalier. Deux étages plus haut, ils prennent à droite, suivent un couloir ; la jeune femme ouvre une porte et pousse l'homme dans un appartement éclairé seulement par une bougie.

« Restez ici, Milord duc de Buckingham, on va venir. » Et elle sort.

Un instant plus tard, un bord de tapisserie se soulève et une femme apparaît. Buckingham pousse un cri : « La reine ! »

Anne d'Autriche est belle, vêtue d'une simple robe de satin blanc. Elle est accompagnée d'une servante espagnole.

« Duc, je vous vois pour vous dire qu'il ne faut plus nous voir.

– Mais je vous aime et je sais que vous m'aimez, répond le beau Buckingham.

J'accepte de m'éloigner si vous me laissez un objet qui vienne de vous et me rappelle à jamais cette rencontre.

– Vous quitterez la France, vous retournerez en Angleterre ?

céder : s'ouvrir

en tâtonnant : en touchant ce que qui nous entoure lorsque l'on se trouve dans l'obscurité

du satin : une étoffe de soie

– Oui, je vous le jure. »
La reine regagne son appartement et en revient presque aussitôt, tenant à la main un petit coffret incrusté d'or.
« Tenez Milord, il s'agit des ferrets de diamants que le roi, mon époux, m'a offerts. Gardez-les en mémoire de moi. »

des ferrets : filaments entrelacés formant une broche

Les ferrets de la reine

Le lendemain de grand matin, dans le bureau de Richelieu. Un officier entre :
« Le comte de Rochefort est là qui demande instamment à parler à Votre Éminence !
– Qu'il entre ! »
L'un des meilleurs espions de Richelieu entre :
« Ils se sont vus, dit-il, en s'approchant vivement du cardinal.
– Qui ? demande celui-ci.
– Elle et lui.
– La reine et le duc ? s'écrie Richelieu. Et où cela ?
– Au Louvre.
– Sait-on ce qu'ils se sont dit ?
– Non, la servante qui nous informe dit simplement que la reine lui a remis un coffret.
– Qu'y avait-il dans ce coffret ?
– Les ferrets en diamants que Sa Majesté le roi a donnés à la reine.
– Bien, bien, Rochefort, Buckingham a pu s'échapper, mais tout n'est pas perdu. Appelez Vitray, mon homme de main, et dites-lui de s'apprêter pour un voyage. »
Un instant après, l'homme qu'il a demandé est debout devant lui, tout botté et avec ses éperons.

instamment : avec insistance

un homme de main : homme payé pour qu'il s'occupe de mauvaises actions que l'on ne veut pas réaliser soi-même

botté : qui a chaussé des bottes

« Vitray, dit le cardinal, vous allez partir au grand galop pour Londres. Vous remettrez une lettre à Milady de Winter, mon espionne sur place. »
Le cardinal s'assoit à son bureau et écrit : « Milady, trouvez-vous au premier bal où sera le duc de Buckingham. Il y aura à son pourpoint douze ferrets de diamants ; approchez-vous de lui et coupez-en deux. Aussitôt que ces ferrets seront en votre possession, prévenez-moi. »
Le lendemain, Richelieu se rend chez le roi.
« Sire, M. de Buckingham était à Paris depuis cinq jours et n'en est parti que ce matin. »
Louis XIII rougit et pâlit successivement. Il n'éprouve pas de sentiments pour sa femme mais il est jaloux :
« M. de Buckingham à Paris ! s'écrie-t-il. Et qu'y vient-il faire ?
– Sans doute conspirer avec nos ennemis protestants de La Rochelle et les Espagnols.
– Et voir la reine !
– Oh, sire, la reine est sans reproche ! Et pourquoi ne pas faire une chose que vous lui savez agréable ?
– Laquelle ?
– Donnez un bal ; vous savez combien la reine aime la danse.
– Monsieur le cardinal, vous savez que j'ai horreur de ces réunions mondaines.

un pourpoint : une courte veste

conspirer : comploter pour renverser le roi

mondain : réunissant toute la cour

– La reine ne vous en sera que plus reconnaissante. D'ailleurs, ce sera une occasion pour elle de mettre ces beaux ferrets de diamants que vous lui avez donnés l'autre jour à sa fête, et dont elle n'a pas encore eu le temps de se parer. Nous sommes aujourd'hui le 20 septembre. Pourquoi ne pas organiser la fête le 3 octobre à l'Hôtel de Ville de Paris ?

– C'est parfait », dit le roi.

Sur quoi le cardinal s'incline et se retire.

se parer : porter avec élégance

Mission à Londres

balbutier : bredouiller, prononcer des mots avec difficulté

éclater en sanglots : pleurer à chaudes larmes

dévoué : attaché

un cachet : marque imprimée dans la cire

Louis XIII se rend chez la reine.
« Madame, il y aura bal dans deux semaines. J'entends que vous y paraissiez en habit de cérémonie et parée des ferrets de diamants que je vous ai donnés. »
Anne d'Autriche devient très pâle. « Oui, Sire », balbutie-t-elle.
Le roi parti, la reine éclate en sanglots :
« Je suis perdue ! Je suis perdue !
– Ne puis-je donc pas être utile à Votre Majesté ? » dit tout à coup une voix douce.
La reine se retourne vivement. La jolie Mme Bonacieux est là.
« Oui, poursuit-elle, il y a des traîtres ici, mais je vous suis dévouée. Il faut envoyer quelqu'un au duc pour reprendre ces bijoux.
– Mais qui ?… À qui me fier ?
– Ayez confiance en moi, Madame, et je trouverai le messager.»
La reine court à une petite table ; elle écrit deux lignes, appose son cachet sur la lettre et la remet à sa servante qui la glisse dans son corsage et disparaît.
De retour à son domicile, Constance va trouver d'Artagnan.

« Monsieur, la reine a besoin d'un homme de confiance qui fasse pour elle un voyage à Londres. Serez-vous celui-ci ? »

D'Artagnan prend la main de la jeune femme :

« Je le ferai par amour pour vous. »

Constance lui remet le billet.

« Madame, je pars, et sur-le-champ.

– Et votre régiment, votre capitaine ?

– Je m'en vais aussitôt trouver M. de Tréville qui m'accordera un congé. »

À deux heures du matin, accompagné de son fidèle Planchet, d'Artagnan sort de Paris par la porte Saint-Denis. Athos, Porthos et Aramis sont là pour le saluer. Ils ne peuvent l'accompagner car à quatre ils attireraient trop l'attention.

Après quarante heures de chevauchée à bride abattue, juste interrompue par une halte pour la nuit à Amiens, dans l'auberge du Lis d'or, d'Artagnan et Planchet arrivent enfin à Calais où ils embarquent à destination de l'Angleterre. Il était temps.

À peine le bateau est-il au large qu'un coup de canon annonce la fermeture du port par une chaîne. Le lendemain à dix heures, le bâtiment jette l'ancre dans le port anglais de Douvres. En quatre heures, notre mousquetaire et son valet ont rejoint Londres.

un billet : une courte lettre

sur-le-champ : aussitôt

un congé : une permission

à bride abattue : très vite

Milady de Winter

D'Artagnan ne connaît pas un mot d'anglais. Il écrit le nom de Buckingham sur un papier et chacun lui indique le palais du duc.
« Qui faut-il que j'annonce à Milord duc ? demande le valet qui parle français.
– Un jeune homme dévoué à la reine de France. »
Au bout de quelques instants, Buckingham survient et dit :
« Il n'est point arrivé malheur à la reine ?
– Prenez cette lettre », dit d'Artagnan.
Le duc brise le cachet et lit.
« Juste ciel ! Suivez-moi. »
Ils traversent plusieurs salons luxueux et parviennent dans une chambre à coucher tapissée de soie et d'or. Le duc se dirige vers un coffret et l'ouvre.
« Tenez, dit-il, voici ces fameux ferrets. La reine me les avait donnés, je les rends à la reine. »
Tout à coup, il pousse un cri terrible.
« Qu'y a-t-il ? demande d'Artagnan avec inquiétude.
– Deux de ces ferrets manquent, il n'y en a plus que dix. On me les a volés. Attendez ! La seule fois que j'ai mis ces ferrets, c'était au bal du roi, il y a huit jours. La comtesse de Winter s'est approchée de moi. Cette femme est un agent du cardinal. Quand doit avoir lieu le bal ?

survenir : pénétrer dans une pièce

un agent : un espion

– Lundi prochain.
– À peine cinq jours ! s'écrie le duc qui appelle son valet. Patrice, faites venir mon orfèvre. »
Celui-ci ne tarde pas à se présenter.
« Monsieur O'Reilly, vous êtes le meilleur orfèvre d'Angleterre. Voyez ces ferrets de diamants. Combien vous faudrait-il de jours pour en faire deux comme ceux-là ?
– Huit jours, Milord.
– Je vous les paierai quatre fois leur valeur, il me les faut après-demain.
– Milord les aura. »
Le surlendemain, à onze heures, les deux ferrets sont achevés, parfaitement imités. Aussitôt le duc fait appeler d'Artagnan :
« Tenez, voici les ferrets de diamants. Allez au port, demandez le vaisseau le *Sund*, remettez cette lettre au capitaine. Il vous conduira à un petit port français. Présentez-vous à l'auberge du lieu et dites au tavernier : "Forward."
– Ce qui signifie ?
– "En avant." C'est le mot de passe. Il vous donnera un cheval rapide tout sellé et vous indiquera le chemin à suivre. Partez maintenant. »

un orfèvre : un artisan qui fabrique des bijoux précieux

ne pas tarder : ne pas mettre longtemps

un mot de passe : formule que l'on doit prononcer pour être reconnu et aidé

Le bal royal

des acclamations : cris de joie enthousiastes

retentir : se faire entendre

un échevin : membre du pouvoir municipal sous la royauté

fendre la foule : s'ouvrir un chemin dans la foule

altéré : changé par l'émotion

une aumônière : une petite bourse accrochée à la ceinture

Le jour du bal est arrivé. Tout Paris en parle.
À six heures du soir, les invités commencent à arriver à l'Hôtel de Ville. Les autorités de la cité s'installent dans la grande salle. À minuit, on entend de grands cris et des acclamations. C'est le roi accompagné de Richelieu qui s'avance par les rues illuminées qui conduisent du Louvre à l'Hôtel de Ville. Une demi-heure après l'entrée du roi, de nouvelles acclamations retentissent. Celles-là annoncent l'arrivée de la reine.
Les échevins s'avancent au-devant d'elle comme ils l'ont déjà fait pour le roi. Anne est pâle et fatiguée. Elle n'a pas ses ferrets de diamants. Le roi fend la foule ; il s'approche de la reine et d'une voix altérée :
« Madame, lui dit-il, pourquoi donc, s'il vous plaît, n'avez-vous point vos ferrets de diamants, quand vous savez qu'il m'eût été agréable de les voir ?
– Sire, dit-elle, je puis les envoyer chercher au Louvre, où ils sont.
– Faites, Madame, faites, et cela au plus tôt ; car dans une heure le bal va commencer. »
La reine se retire dans son salon. Quelques minutes plus tard, Mme Bonacieux la rejoint. Elle porte une aumônière. Elle la tend à Anne

qui l'ouvre et manque s'évanouir. Les ferrets sont là, au complet. Lorsque la reine sort du salon, une heure plus tard, elle porte un chapeau avec des plumes bleues, une petite cape de velours gris attachée avec des agrafes de diamants, et une jupe de satin bleu brodée d'argent. Sur son épaule gauche étincellent les douze ferrets.

Le roi tressaille de joie : « Je vous remercie, Madame, du respect que vous avez montré pour mes désirs. »

tressaillir : avoir un mouvement involontaire du corps sous l'effet de l'émotion

Non loin de là, d'Artagnan et ses trois amis mousquetaires contemplent la scène. Ils sourient.
Le bal continue, joyeux, jusqu'à trois heures du matin. Puis la reine regagne le salon où elle s'est habillée.
D'Artagnan s'apprête à se retirer lorsqu'il sent qu'on lui touche délicatement l'épaule. Il se retourne et voit une jeune femme au visage couvert d'un masque de velours noir ; elle lui fait signe de la suivre. Il reconnaît Constance Bonacieux.
Après quelques tours et détours, celle-ci introduit le jeune homme dans une pièce. Puis elle ouvre une seconde porte cachée par une tapisserie, et disparaît. Le jeune homme attend. Enfin, une femme apparaît qui lui tend la main. C'est la reine. D'Artagnan se jette à genoux, pose ses lèvres sur la main. Sans un mot, la reine lui tend un objet qu'il reconnaît pour être une bague de grand prix.
Aussitôt, Anne se retire.
Mme Bonacieux vient rechercher d'Artagnan. « Silence ! lui dit-elle quand ils regagnent la grande salle. Silence ! Et allez-vous-en par où vous êtes venu. »

Les succès de d'Artagnan

Devenu riche grâce à la bague précieuse qu'il a vendue une fortune à un joaillier de renom, d'Artagnan continue ses exploits militaires au siège de La Rochelle.

Le 6 octobre 1628, alors que la ville s'apprête à tomber, d'Artagnan et ses amis Athos, Porthos et Aramis, se reposent d'un rude combat contre une escouade d'Anglais.

Un homme s'avance.

« Monsieur d'Artagnan ? Je suis le chevalier de Rochefort et j'ai ordre de vous conduire auprès de M. le cardinal de Richelieu.

– Monsieur, dit Athos en s'avançant, nous demandons à accompagner notre ami. M. d'Artagnan ne nous quittera pas.

– Je vous l'accorde », dit Rochefort.

Le petit groupe atteint la demeure où réside le cardinal durant le siège. Richelieu fait signe à d'Artagnan de le suivre dans son cabinet de travail.

« Nous t'attendons, d'Artagnan », s'écrient ensemble les mousquetaires. D'Artagnan entre derrière le cardinal.

« Jeune homme, dit celui-ci, vous avez été en relation avec nos ennemis anglais en allant à Londres, vous avez surpris des secrets d'État. »

un joaillier : personne qui vend des bijoux précieux

de renom : très connu, réputé

une escouade : une petite troupe de soldats

résider : habiter

un regard d'aigle : un regard perçant

un sceau : cachet officiel portant les armes d'un seigneur

un brevet : acte par lequel le roi accorde un titre ou une fonction

Richelieu fixe le jeune homme de son regard d'aigle. Il lit sur son visage l'ouverture, l'intelligence et la loyauté.

« Je reconnais cependant votre courage et votre fidélité à vos amis et à votre roi que je sers moi-même de toutes mes forces. Je vous accorde donc mon pardon. »

Le cardinal s'approche d'une table et, sans s'asseoir, écrit quelques lignes sur un parchemin. Il y appose son sceau.

« Tenez, monsieur d'Artagnan, voici un brevet sur lequel il vous reste à écrire un nom. »

D'Artagnan prend le papier et jette les yeux dessus. Il s'agit d'un brevet de lieutenant des mousquetaires. D'Artagnan tombe aux pieds du cardinal.

« Monseigneur, dit-il, cette faveur que vous m'accordez, je ne la mérite pas : j'ai trois amis qui sont plus méritants et plus dignes…

– Vous êtes un brave garçon, d'Artagnan, interrompt le cardinal en lui frappant familièrement sur l'épaule. Faites de ce brevet ce qu'il vous plaira. »

D'Artagnan sort.

« Nous commencions à nous impatienter, dit Athos.

conter : raconter

une entrevue : une rencontre

essuyer : subir

– Me voilà, mes amis ! répond d'Artagnan. Je vous conterai mon entrevue ce soir à notre auberge. »
Le soir même, d'Artagnan se rend chez Athos. Il sort le brevet. « Tenez, mon cher Athos, il est pour vous. »
Athos lit et sourit : « Gardez ce brevet, il est à vous. »
D'Artagnan sort de la chambre d'Athos et entre dans celle de Porthos.
« Tenez, mon cher Porthos, écrivez votre nom sur ce brevet et soyez un bon chef pour moi. »
Porthos jette les yeux sur le brevet et le rend : « Gardez la lieutenance, cher ami, gardez. »
Et il rend le brevet à d'Artagnan qui se rend chez Aramis. Il tire pour la troisième fois son brevet de sa poche mais il essuie le même refus.
« C'est que personne, cher ami, n'en est plus digne que vous », lui dit Aramis qui prend une plume et écrit sur le brevet le nom de d'Artagnan.

Alain Dag'Naud

Don Quichotte

Illustré par Évelyne Faivre

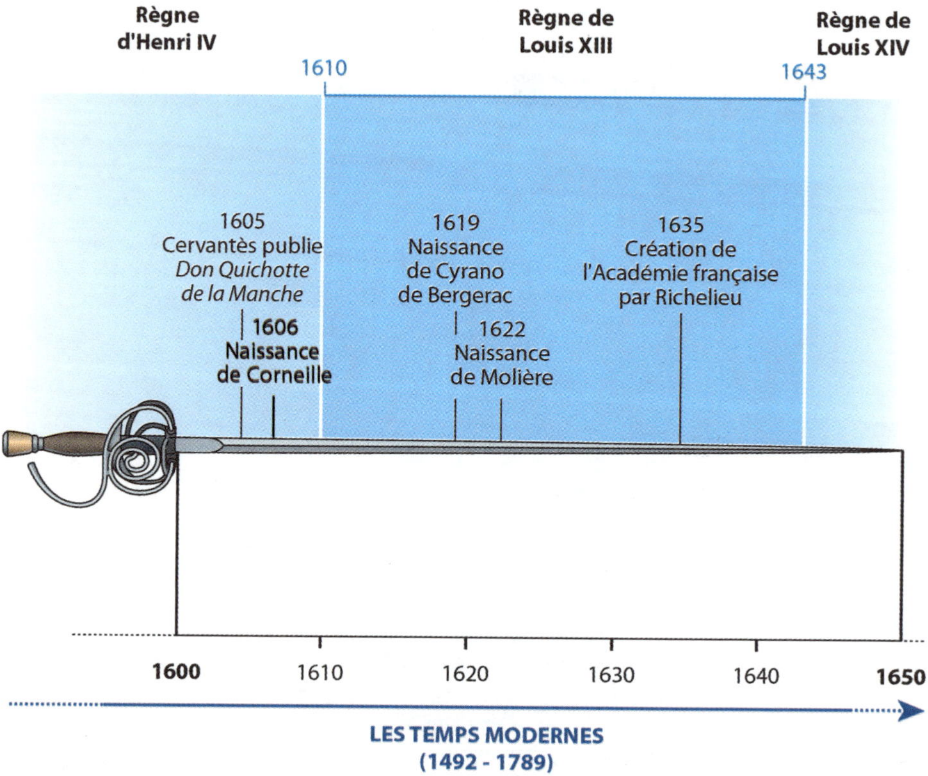
Règne d'Henri IV
Règne de Louis XIII
Règne de Louis XIV
1610
1643
1605
Cervantès publie *Don Quichotte de la Manche*
1606
Naissance de Corneille
1619
Naissance de Cyrano de Bergerac
1622
Naissance de Molière
1635
Création de l'Académie française par Richelieu
1600
1610
1620
1630
1640
1650
LES TEMPS MODERNES
(1492 - 1789)

Le fameux gentilhomme Don Quichotte de la Manche

Dans un village de la Manche, au cœur de l'Espagne, vivait en l'année 1613, un gentilhomme qui frisait la cinquantaine. Grand et sec, maigre de visage, il avait le surnom de Quijada. Or il faut savoir que ce gentilhomme, dans les moments où il ne faisait rien, c'est-à-dire à peu près toute l'année, lisait des livres de chevalerie. Il s'acharna tellement à cette lecture que ses nuits se passaient en lisant du soir au matin, et ses jours, du matin au soir. Finalement, ayant perdu l'esprit, il décida de se faire chevalier errant, de s'en aller par le monde, avec son cheval et ses armes, chercher les aventures.

La première chose qu'il fit fut de nettoyer l'armure de son arrière-grand-père. Cela fait, il alla visiter son cheval. Quatre jours se passèrent

la Manche : région aride située au centre de l'Espagne

un gentilhomme : un homme noble de haute naissance

friser : approcher

un surnom : nom que l'on substitue au véritable nom de quelqu'un

s'acharner : faire quelque chose avec obstination

ruminer : retourner longtemps dans sa tête une même idée

une épopée : suite d'actions héroïques et extraordinaires

à ruminer dans sa tête quel nom il lui donnerait pour l'épopée à venir. À la fin, il vint à l'appeler Rossinante. Puis il voulut s'en donner un à lui-même. Cette réflexion lui prit huit jours au bout desquels il décida de s'appeler don Quichotte de la Manche.

Ayant donc nettoyé ses armes, donné un nom à sa monture et à lui-même, il se persuada qu'il ne lui manquait plus rien, sinon de chercher une dame de qui tomber amoureux. Il repensa à une jeune fille de bonne mine qui demeurait dans le village voisin du Toboso. Bien que la belle, qui s'appelait Aldonza, n'en eût jamais rien su, il vint à l'appeler Dulcinée.

La première sortie de Don Quichotte

Il ne confia son secret à personne. Un beau matin, avant le jour, sans que nul le vît, il s'arma de toutes pièces. Il monta Rossinante, saisit sa lance et sortit dans la campagne. Mais à peine se vit-il en chemin qu'une pensée terrible lui vint tout à coup : il n'était pas armé chevalier. Il faudrait y remédier.

Il marcha presque tout le jour sans qu'il lui arrivât rien, et il s'en désespérait. Au coucher du soleil, il aperçut au loin une auberge. Il pressa le pas, si bien qu'il y arriva à la tombée de la nuit. Par hasard, il y avait à la porte deux servantes. Il s'imagina que c'était un château. Ces dames, voyant venir un homme armé de la sorte, allaient se retirer dans la maison. Mais don Quichotte leur dit :
« Que Vos Grâces ne prennent point la fuite ; dans la chevalerie il ne convient de faire offense à des damoiselles d'aussi haut rang. »
Quand les filles s'entendirent appeler damoiselles, elles ne purent s'empêcher d'éclater de rire. Dans ce moment même parut l'hôtelier, gros homme que son embonpoint rendait sympathique. Il s'étonna de voir cette

de toutes pièces : complètement

être armé chevalier : entrer dans l'ordre de la chevalerie par la cérémonie de l'adoubement

remédier à quelque chose : trouver une solution

presser le pas : se dépêcher

vos grâces : titre honorifique attribué à de grandes dames

faire offense : mal se comporter

l'embonpoint : excès de poids

bizarre figure armée en guerre et résolut de parler poliment :
« Si Votre Grâce, seigneur chevalier, lui dit-il, vient chercher un gîte, sauf le lit, car il n'y en a pas un de libre, il trouvera tout en abondance. »
En disant cela, il fut aider don Quichotte à descendre de cheval.

un gîte : lieu où l'on peut se reposer

Don Quichotte expédia son dîner ; puis il appela l'hôte et, le menant dans l'écurie dont il ferma la porte, il se mit à genoux devant lui en disant :
« Jamais je ne me lèverai d'où je suis avant que vous ne m'octroyiez un don. »
L'aubergiste le regarda tout surpris, sans savoir que faire ni que dire.
« Ce don que je vous demande, puissant seigneur, poursuivit don Quichotte, c'est que demain matin vous m'armiez chevalier. Cette nuit, dans la chapelle de votre château, je passerai la veillée des armes. »

expédier : avaler à toute vitesse

un hôte : personne qui reçoit dans son hôtellerie

octroyer : accorder

Le tavernier, qui avait déjà quelque soupçon du cerveau fêlé de son hôte, lui répondit qu'il n'y avait dans son château aucune chapelle parce qu'on l'avait abattue pour en bâtir une neuve ; mais qu'il savait qu'en cas de nécessité on pouvait passer cette veillée partout où bon

avoir le cerveau fêlé : être fou

une veillée : nuit que le futur chevalier passe sans dormir

semblait et qu'il pourrait fort bien veiller dans la cour du château.

Au matin, l'hôtelier accompagné des deux demoiselles vint dans la cour où l'attendait don Quichotte, auquel il ordonna de se mettre à genoux. Puis marmottant entre ses dents, il leva la main et lui donna une grande claque sur le crâne ; ensuite, du plat de sa vieille épée, un autre coup sur l'épaule. Cela fait, il commanda à l'une des dames de lui attacher l'épée. L'autre lui chaussa l'éperon. Trop heureux de voir partir au plus vite son encombrant voyageur, l'hôtelier ne fit rien payer à Don Quichotte qui sortit de l'hôtellerie si content qu'il en faisait tressaillir le pauvre Rossinante.

marmotter : parler en serrant les dents de façon indistincte

un éperon : une pièce de métal terminée par un ergot avec laquelle un cavalier pique les flancs d'un cheval pour le faire avancer

encombrant : dont on ne sait que faire

Au secours du jeune homme

tourner bride : changer de direction en tirant sur les rênes servant à guider le cheval

un ceinturon : une large ceinture fermée par une boucle en métal

qu'il est lâche : qu'il n'est pas courageux

fondre : se précipiter

mielleux : hypocrite, faussement conciliant

châtier : punir

Don Quichotte n'avait pas fait encore un long trajet quand il crut percevoir, de l'épaisseur d'un bois qui se trouvait à sa droite, des cris comme d'une personne qui se plaignait. Aussitôt, tournant bride, il dirigea Rossinante vers l'endroit d'où les cris lui semblaient partir. Il n'avait pas fait vingt pas dans le bois qu'il vit, attaché à un chêne, un jeune garçon de quinze ans au plus, nu de la tête à la ceinture. C'était lui qui jetait ces cris plaintifs, et non sans cause, car un vigoureux paysan lui donnait une correction à grands coups de ceinturon.

En apercevant cette scène, don Quichotte s'écria d'une voix de tonnerre :
« Chevalier, il n'est pas convenable de vous attaquer à qui ne peut se défendre ; montez sur votre cheval et prenez votre lance, et je vous ferai voir qu'il est lâche d'agir ainsi. »
Le paysan, voyant tout à coup fondre sur lui ce fantôme couvert d'armes qui lui brandissait sa lance sous le visage, se tint pour mort et d'un ton mielleux répondit :
« Seigneur chevalier, ce garçon que vous me voyez châtier est un mien valet qui garde mal mon troupeau de brebis ; et parce que je le

punis, il dit que c'est pour ne pas lui payer les gages que je lui dois.
– Payez-le sur-le-champ, répondit don Quichotte, sinon, je vous étends raide mort et vous anéantis sur le coup. Et déliez-le. »
Don Quichotte demanda au berger combien son maître lui devait.
« Neuf mois de salaire, dit-il.
– Payez-le en bon argent comptant, c'est tout ce que j'exige », reprit don Quichotte.
Le paysan répondit tout tremblant : « Le malheur est, seigneur chevalier, que je n'ai point d'argent sur moi ; mais que mon valet s'en vienne avec moi à la maison et je lui payerai son dû.
– Que je m'en aille avec lui ! s'écria le jeune garçon. Dieu m'en préserve. S'il me tenait seul à seul, il m'écorcherait vif. »
Don Quichotte se tourna vers le paysan :
« Sachez que je suis le valeureux don Quichotte de la Manche, le redresseur de torts et injures. Prenez garde d'accomplir ce que vous venez de promettre ; sinon, je jure de revenir vous chercher et vous châtier. Je saurai bien vous découvrir, fussiez-vous mieux caché qu'un lézard de muraille. »

les gages : le salaire

sur-le-champ : aussitôt

un dû : ce que l'on doit à quelqu'un

Face aux marchands

Quelques kilomètres plus loin, don Quichotte vit s'approcher six marchands à cheval qui s'abritaient sous des parasols. Ils étaient accompagnés de plusieurs valets et conducteurs de mules. À peine les eut-il vus que don Quichotte s'affermit sur ses étriers, empoigna sa lance et se couvrit la poitrine de son écu. Campé au beau milieu du chemin, il attendit l'approche de ceux qu'il prenait pour des chevaliers ennemis.

s'affermir : se caler solidement

campé : planté solidement

« En garde et en bataille », tonna don Quichotte lorsqu'ils furent à proximité. En disant cela, il se précipita, lance baissée, avec tant d'ardeur et de furie que, si quelque bonne étoile n'eût fait trébucher Rossinante et envoyer rouler son maître à dix pas plus loin, celui-ci aurait embroché l'un des marchands.

trébucher : perdre l'équilibre

Un garçon, qui n'était pas d'humeur aimable, s'approcha du chevalier tombé à terre ; il lui arracha sa lance, en fit trois ou quatre morceaux, et de l'un d'eux se mit à frapper à coups redoublés notre don Quichotte. Enfin le muletier se fatigua et les marchands continuèrent leur chemin.

redoublé : de plus en plus fort

Un peu plus tard, le hasard fit passer par là un laboureur du village de don Quichotte. Voyant son voisin étendu à terre, il s'approcha, lui ôta la visière et lui essuya le visage qu'il avait plein de poussière.
« Eh, bon Dieu ! s'écria-t-il. Seigneur Quijada, qui vous a mis en cet état ? »
Il l'aida à se lever, l'installa sur son âne, ramassa les armes, jusqu'aux morceaux de la lance, et les mit en paquet sur Rossinante. Puis ils regagnèrent leur village. Mais le laboureur attendit que la nuit fût tombée pour qu'on ne vît pas le gentilhomme dans ce piteux état.

la visière :
partie du heaume, casque qui recouvrait entièrement le visage, que l'on peut soulever

piteux :
qui fait pitié

Sancho Panza

une gouvernante : une femme qui s'occupe de la bonne tenue d'une maison

un barbier : autrefois, personne dont le métier était de raser ou de tailler la barbe

une escapade : une sortie aventureuse

ne pas avoir de plomb dans la cervelle : ne pas être très réfléchi

un écuyer : au Moyen Âge, gentilhomme qui accompagnait un chevalier

ne pas être son fort : son domaine préféré

une outre : sac de peau servant à conserver les liquides

Don Quichotte resta quinze jours dans sa maison, soigné par sa gouvernante, surveillé de près par le curé et le barbier du lieu, tous deux ses grands amis. Il avait l'air calme et ne donnait pas le moindre signe qu'il voulût recommencer ses escapades.

Mais dans le même temps, il prenait contact avec un voisin, un brave paysan du nom de Sancho Panza, qui n'avait guère de plomb dans la cervelle. Il lui en dit tant, lui promit tant de richesses et de devenir gouverneur d'une île lointaine, que le pauvre paysan planta là sa femme et ses enfants, pour lui servir d'écuyer. Il précisa qu'il emmènerait avec lui un très bon âne qu'il avait, car l'exercice de la marche à pied n'était pas son fort.

Au soir convenu en secret entre eux, sans avoir pris congé de personne, ils sortirent du pays sans être vus. Ils cheminèrent si bien toute la nuit qu'à l'aube ils furent certains de n'être plus rattrapés, même si on se mettait à leur poursuite. Le gros Sancho Panza allait sur son âne comme un moine, avec son sac et son outre. Il avait si grand désir de se voir déjà gouverneur de l'île que son maître lui avait promise !

L'inimaginable aventure des moulins à vent

démesuré : de grande taille

ôter : enlever

mouvoir : faire fonctionner un mécanisme

une meule : une énorme pierre qui sert à moudre le grain dans un moulin

Parvenus au milieu de la plaine de Montiel, ils découvrirent trente ou quarante moulins à vent.
« Regarde, ami Sancho, s'écria don Quichotte, voilà devant nous au moins trente démesurés géants auxquels je pense livrer bataille et ôter la vie à tous tant qu'ils sont.
– Quels géants ? demanda Sancho Panza.
– Ceux que tu vois là, répondit son maître, avec de longs bras.
– Prenez garde, répliqua Sancho, ceux que nous voyons là ne sont pas des géants, mais des moulins à vent et ce qui semble des bras sont des ailes, lesquelles, tournées par le vent, font mouvoir la meule du moulin.
– Je vois bien, répondit don Quichotte, que tu t'y connais peu en matière d'aventures : ce sont des géants et, si tu as peur, ôte-toi de là et te mets en prière, tandis que je leur livrerai une furieuse et inégale bataille. »

Disant cela, il donna des éperons à son cheval Rossinante, sans s'attarder aux cris que poussait son écuyer Sancho, l'avertissant que sans le moindre doute c'étaient des moulins à vent et non des géants qu'il allait attaquer.

Sur cela, le vent se leva et les grandes ailes des moulins commencèrent à tourner. Ce que voyant, don Quichotte, bien couvert de son écu, la lance en avant, se précipita au grand galop de Rossinante, contre le premier moulin qui était devant lui, et lui porta un coup de lance dans l'aile. Mais le vent la fit se mouvoir avec une telle force qu'elle mit la lance en pièces et qu'elle emporta avec elle le cheval et le chevalier qui s'en furent rouler au loin dans la plaine.

Sancho Panza accourut de tout le trot de son âne et, quand il fut près de son maître, il trouva qu'il ne pouvait remuer.

« Ne vous avais-je pas bien dit, remarqua Sancho, que ce n'étaient que des moulins à vent ?

– Tais-toi, ami Sancho, répondit don Quichotte, il s'agit d'un tour du magicien Freston, mon grand ennemi, qui a changé ces géants en moulins pour m'ôter la gloire de les avoir vaincus.

– Dieu le veuille », répondit Sancho ; et il aida son maître à se relever et le monta sur Rossinante qui avait une épaule à moitié déboîtée.

une frasque : un écart de conduite

Les frasques de Rossinante

Sancho enjamba son âne et se mit à suivre don Quichotte. Mais Rossinante, vite remis et surtout pressé de quitter les moulins, se mit à cheminer vélocement.

vélocement : rapidement

Se voyant distancé, Sancho dut crier à son maître de l'attendre. Don Quichotte retint la bride de Rossinante et s'arrêta jusqu'à ce que son traînard d'écuyer l'eût rejoint. Ils décidèrent de gagner quelque bourgade pour y passer la nuit, mais le soleil leur manqua et avec lui l'espérance d'arriver dans un village. Ils étaient alors auprès de cabanes de gardiens de chèvres qui les accueillirent. Ils étendirent par terre des peaux de brebis et convièrent nos deux compères à partager leur repas.

gagner : rejoindre

une bourgade : un village

Quand ils eurent terminé, don Quichotte se retira dans une des cabanes pour se refaire une lance et dormir tandis que Sancho s'accommodait pour la nuit entre Rossinante et son âne.

s'accommoder : s'installer

Au matin, le chevalier errant prit congé de ses hôtes qui lui offrirent des provisions. Don Quichotte et son écuyer cheminèrent plus de deux heures ; enfin, ils arrivèrent à un pré tout plein d'herbe verte, près duquel coulait un ruisseau si paisible et si frais qu'ils décidèrent de passer là leur déjeuner et les heures de la

prendre congé : quitter quelqu'un

sieste. Ils mirent pied à terre et, laissant l'âne et Rossinante paître tout à leur aise et en liberté, ouvrirent leur besace et, sans cérémonie, le maître et le valet mangèrent de compagnie ce qu'ils trouvèrent dedans.

Sancho ne s'était pas inquiété d'attacher Rossinante qu'il connaissait si paisible. Or, le destin voulut, et le diable (qui ne dort pas toujours), qu'il y eût, paissant non loin, des jeunes cavales qui appartenaient à des éleveurs du coin. Il advint donc qu'il prit envie à Rossinante de se divertir un peu avec elles. Ce que voyant, les muletiers accoururent pour chasser Rossinante à grands coups de bâton.

Sur ces entrefaites, don Quichotte et Sancho accoururent haletants. D'entrée, don Quichotte asséna un grand coup d'épée à un muletier qui s'en trouva l'épaule fendue. Les autres muletiers, voyant l'un des leurs maltraité, environnèrent nos amis et les chargèrent dru et menu. Cette besogne faite, ils rassemblèrent leurs bêtes et poursuivirent leur chemin, laissant nos deux aventuriers à terre, moulus et mécontents.

paître : brouter de l'herbe

une besace : un grand sac à deux poches

une cavale : une jument

sur ces entrefaites : à ce moment-là

asséner : frapper violemment

moulu : épuisé

L'auberge de Maritorne

En jetant trente « aïe ! aïe ! » et soixante soupirs, Sancho se releva, demeurant tout courbé. Il harnacha tant bien que mal son âne et y installa don Quichotte qui ne pouvait guère bouger. Il attacha Rossinante à la queue de l'âne et, tirant celui-ci, s'achemina vers la route qui les conduisit à une hôtellerie. Le tavernier, qui vit ainsi don Quichotte en travers sur l'âne, demanda à Sancho quel mal il avait. Sancho crut bon de lui dire qu'il était tombé d'un rocher et qu'il avait les côtes meurtries.

harnacher : équiper un cheval

s'acheminer : se rendre

La femme de l'hôtelier, qui était naturellement charitable, accourut tout aussitôt pour soigner le blessé. Elle fit appel pour l'aider à une servante du nom de Maritorne, qui était petite et voûtée, large de visage, le dos du crâne aplati, borgne d'un œil et l'autre guère sain. Maritorne aida à descendre don Quichotte et lui prépara un lit au grenier. Promptement, l'hôtesse lui appliqua des emplâtres. En passant ces pommades, elle vit que don Quichotte était si fort meurtri de partout qu'elle dit que cela ressemblait plutôt à des coups qu'à une chute. Puis Maritorne pansa Sancho, lequel n'en avait pas moins besoin que son maître.

charitable : généreuse

borgne : qui ne voit pas d'un œil

un emplâtre : pâte qui s'applique sur la peau pour soigner

panser : nettoyer une blessure

Le lit préparé pour don Quichotte était à l'entrée du grenier. Juste à côté, il y avait celui de Sancho. Après ces deux lits se trouvait celui d'un muletier. Quand celui-ci eut visité ses bêtes, il monta se coucher, surpris de trouver deux voisins. Il était bien embêté car il avait convenu d'un rendez-vous amoureux dans le grenier avec la Maritorne. À l'heure dite, la servante entra à pas de loup et à tâtons, en quête du muletier, dans la chambre où étaient les trois lits. Mais à peine fut-elle à la porte, que don Quichotte, qui ne pouvait dormir par la douleur de ses côtes, s'assit dans son lit et étendit les bras pour recevoir la demoiselle qu'il pensait être sa Dulcinée. Maritorne qui, sans dire mot, tendait les mains devant elle pour chercher son bien-aimé muletier rencontra en passant les bras de don Quichotte, lequel la tira à soi. Le muletier, qui ne dormait pas, se leva. Il s'approcha du lit et, comme il vit que don Quichotte faisait tout pour retenir la fille, il ne trouva pas la farce agréable ; il leva le bras bien haut et déchargea sur la mâchoire du chevalier un horrible coup de poing qui le laissa pâmé.

la farce : la plaisanterie

pâmé : évanoui

Le baume de Fierabras

une défaillance : un malaise

un baume : une pommade

ladite : dont il est question

du romarin : une plante aromatique

Au matin, don Quichotte était revenu de sa défaillance. Il commença à appeler son écuyer :
« Sancho, mon ami, dors-tu ?
– Comment puis-je dormir ? répondit Sancho, avec tout le bruit de cette nuit et les côtes qui me font souffrir.
– Tu peux m'en croire, dit don Quichotte, ce château est ensorcelé. Jure-moi que tu tiendras secret ce que je vais te confier.
– Je le jure », répondit Sancho.
Don Quichotte poursuivit donc :
« Il faut que tu saches que cette nuit, il m'est arrivé une des plus étranges aventures que l'on saurait imaginer. Dulcinée est venue à moi. Tandis que j'étais avec elle, il a surgi une main au bout du bras d'un géant, qui m'a déchargé un coup de poing en plein visage. Il nous faut quitter ce lieu au plus tôt. Mais auparavant, je m'en vais préparer un baume précieux dont j'ai eu le secret dans le récit des exploits du géant Fierabras. Avec ladite potion, nous guérirons de toutes nos blessures. Lève-toi, Sancho, si tu peux, appelle le gouverneur de cette forteresse, et tâche que l'on me donne de l'huile, du vin, du sel et du romarin. »

L'hôtelier fournit ce qu'on lui demandait et Sancho porta le tout à don Quichotte qui mêla ces ingrédients en les faisant cuire longtemps. Lorsque la potion fut prête, don Quichotte récita dessus quatre-vingts prières accompagnées de signes de croix. Cela fait, il en but une large gorgée. À peine eut-il achevé de boire qu'il commença à vomir de telle sorte qu'il ne lui resta rien dans l'estomac. Il dormit plus de trois heures au bout desquelles il s'éveilla, soulagé de ses douleurs, sain et guéri. Sancho Panza tint cela pour un miracle. Il but ce qui restait dans le pot, mais aussitôt il souffrit de tant d'angoisses, de sueurs et de soulèvements d'estomac qu'il pensa que sa dernière heure était venue.

Don Quichotte, le voyant ainsi, lui dit :

« Je pense que cette liqueur ne doit servir qu'à ceux qui sont chevaliers.

– Si vous saviez cela, répliqua Sancho, pourquoi avez-vous permis que j'en goûte ? »

Sur ces entrefaites, le pauvre écuyer commença à se vider par en haut et par en bas. Cette bourrasque et mauvaise passe lui dura deux heures. Après quoi il se sentit mieux et fut prêt à suivre son maître qui voulait partir au plus tôt en quête d'aventures.

une mauvaise passe : un mauvais moment

en quête : à la recherche

Les armées de Ali Fanfaron et Pentapolin

Don Quichotte et son écuyer cheminaient depuis quelque temps lorsque le premier aperçut un épais nuage de poussière qui se dirigeait de leur côté. À cette vue, il se retourna vers Sancho et lui dit :

« Vois-tu cette poussière ? Elle est soulevée par une immense armée qui s'avance.

– À ce compte-là, il doit y en avoir deux, dit Sancho, car de cet autre côté se lève une semblable poussière. »

Don Quichotte ne se sentit plus de joie. Deux armées venaient se livrer bataille au milieu de cette vaste plaine. Or, la poussière était soulevée par deux troupeaux de brebis et de moutons qui venaient de deux différents côtés.

« Cette armée qui marche vers nous, reprit don Quichotte, est menée par le grand empereur Ali Fanfaron ; et cette autre qui nous arrive dans le dos est celle de Pantapolin, son ennemi. »

Ils quittèrent le chemin et gravirent une petite colline de laquelle ils auraient distingué les troupeaux si les nuages de poussière n'en eussent caché la vue.

gravir : grimper sur

Don Quichotte s'écria soudain :

« N'entends-tu pas le hennissement des chevaux, le son des trompettes et le bruit des tambours ?
– Je n'entends rien d'autre, répondit Sancho, que les bêlements de brebis et de moutons.
– C'est la peur que tu as, reprit don Quichotte, qui te fait voir et entendre tout de travers. Laisse-moi seul ; seul je donnerai la victoire au camp que je favoriserai de mon aide. »

En disant ces mots, il piqua des éperons Rossinante et, la lance pointée, dévala la pente comme la foudre. Sancho lui criait :

« Retournez, seigneur don Quichotte, car ce sont bien moutons et brebis que vous allez attaquer. »

Don Quichotte ne fit pas demi-tour pour autant et il se jeta au beau milieu des moutons. Les bergers qui menaient ces troupeaux lui crièrent d'arrêter, mais voyant que leurs appels ne servaient à rien, ils sortirent leurs frondes et lui sifflèrent les oreilles avec des pierres grosses comme le poing. L'une d'elles lui enfonça deux côtes au creux de l'estomac ; une autre lui emporta trois dents de la bouche. Force fut au chevalier de se laisser tomber de son cheval. Les pâtres s'approchèrent et, craignant de l'avoir tué, rassemblèrent leurs troupeaux et s'éloignèrent au plus vite.

dévaler : descendre très vite

une fronde : un lance-pierres

un pâtre : un berger

Le Chevalier à la Triste Figure

Sancho descendit de la colline pour soutenir son maître. Il le contempla un moment sous le nez et lui dit qu'il devrait se nommer le *Chevalier à la Triste Figure*.

« Véritablement, ajouta Sancho, vous avez la plus mauvaise figure que j'aie jamais vue. La cause en doit être la fatigue de ce combat ou bien la perte de vos dents.

– Je veux m'appeler ainsi, dorénavant », répondit don Quichotte.

Le Chevalier à la Triste Figure but quelques gouttes de son élixir et, requinqué, monta sur Rossinante et donna ordre à Sancho de le suivre. Ils pénétrèrent bientôt dans une âpre montagne. Don Quichotte expliqua à son écuyer :

« Il faut que tu saches que ce qui m'amène dans ces lieux déserts est le désir d'y faire une prouesse capable d'établir ma renommée sur toute la surface de la terre. Toi, mon écuyer, tu partiras avec une lettre pour Dulcinée. Retiens bien dans ta mémoire ce qu'ici tu me verras faire pour que tu le racontes à celle qui est la cause de mes tourments, à Dulcinée qui ne répond pas à mon amour. Je vais quitter les armes et demeurer tout nu comme quand je

un élixir : une potion magique

requinqué : rétabli

âpre : désolé, rude

une prouesse : un exploit

la renommée : la gloire

des tourments : souffrances amoureuses

naquis. Je ferai des culbutes la tête en bas sur ces rochers, ainsi que d'autres choses qui vont exciter ton admiration.

– Pour l'amour de Dieu, reprit Sancho, que Votre Seigneurie prenne bien garde à la manière de faire ses culbutes. Écrivez la lettre et envoyez-moi vite, car j'ai envie de venir au plus tôt vous tirer d'ici. »

Don Quichotte prit une feuille de papier et, se retirant un peu à l'écart, se mit tout paisiblement à écrire sa missive à Dulcinée. Il la tendit à Sancho. Puis, sans autre façon, il se mit nu en pan de chemise, se donna du talon dans le derrière, fit deux cabrioles et deux culbutes, la tête en bas et les pieds en haut, découvrant de telles choses que, pour ne pas les voir davantage, Sancho grimpa plutôt sur Rossinante qui savait galoper, tourna bride et s'éloigna.

des culbutes : des cabrioles

une missive : une lettre

La rencontre avec Dulcinée

Sancho gagna la grand'route. Il parvint le lendemain à une hôtellerie. À peine l'eût-il aperçue que deux hommes en sortirent. L'un dit à l'autre :
« Cet homme à cheval, n'est-ce pas Sancho Panza ?
– C'est lui-même, et voilà le cheval de notre don Quichotte. »
Ils avaient en effet reconnu facilement l'homme et sa monture ; car c'étaient le curé et le barbier du village.
Ils allèrent droit au cavalier, et le curé, l'appelant par son nom :
« Ami Sancho Panza, où est donc votre maître ? »
Sancho les reconnut aussitôt. Sur-le-champ il leur conta d'un seul trait et sans prendre haleine les aventures qui leur étaient arrivées, l'état où il avait laissé son maître et qu'il portait une lettre à madame Dulcinée du Toboso.
Le curé et le barbier se concertèrent. Ayant bien pensé au moyen qu'ils prendraient pour faire revenir leur ami, ils résolurent de renvoyer Sancho dans la montagne pour dire à son maître que Dulcinée l'attendait.
Ainsi fut fait. Quelques jours plus tard, sur la

d'un seul trait : sans s'arrêter, d'un coup

sans prendre haleine : sans reprendre son souffle

se concerter : se mettre d'accord avant de prendre une décision

résoudre : décider

minuit ou à peu près, don Quichotte et Sancho entrèrent dans la cité du Toboso. Le chevalier et son écuyer étaient inquiets et agités, le premier pour l'attente où il était de voir la dame de sa vie, l'autre pour ne l'avoir jamais vue ni lui avoir remis la lettre. Le chevalier amoureux dit à Sancho :
« Conduis-moi au palais de Dulcinée.
– Seigneur, répliqua Sancho avec à-propos, il n'est plus l'heure. Il vaut mieux que nous sortions de la ville et passions la nuit dans un bois voisin. Je reviendrai de jour, irai trouver votre dame et lui indiquerai où vous l'attendez. »

Don Quichotte passa la nuit dans le bois. Sancho, plutôt que de retourner en ville, resta couché sous un arbre à mi-distance. La chance le servit puisqu'il aperçut venir du Toboso trois paysannes montées sur des bourriques. Dès qu'il les vit, Sancho revint au trot chercher son seigneur à qui il annonça fièrement :
« Sortez de ce bois pour voir Mme Dulcinée du Toboso parée de diamants et de rubis, qui vient avec deux de ses servantes rendre visite à Votre Grâce. »
Ils sortirent du bois, mais ne voyant que les trois paysannes, don Quichotte se troubla et demanda où était sa dame.

une bourrique : une ânesse

– Comment ? s'écria Sancho, ne la voyez-vous pas, resplendissante comme le soleil en plein midi ?
– Je ne vois, Sancho, rétorqua don Quichotte, que trois paysannes sur trois bourriques. »
Mais Sancho déjà se précipitait. Se mettant à deux genoux par terre devant l'une des paysannes, il s'écria :
« Reine, princesse de la beauté, ayez la bonté d'accueillir avec faveur le chevalier don Quichotte de la Manche. »
En cet instant, don Quichotte s'était aussi jeté à genoux aux côtés de Sancho ; mais comme il ne découvrait en celle que son écuyer appelait reine qu'une fille de village, il demeurait stupéfait, sans oser découdre la bouche.

excédé : à bout

Excédée, la paysanne interpellée finit par rompre le silence :
« Garez-vous du chemin et laissez-nous passer ; nous sommes pressées.
– Levons-nous, Sancho, et partons, proposa don Quichotte, car je vois bien que le magicien qui me poursuit a métamorphosé ma Dulcinée en simple paysanne. »

métamorphoser : transformer

Le chevalier de la Blanche Lune

Don Quichotte s'en alla tout pensif du mauvais tour que lui avait joué l'enchanteur en transformant sa dame en une paysanne et toute vilaine en plus. À quelque temps de là, un petit matin que don Quichotte, suivi du brave Sancho, se promenait sur Rossinante, armé de toutes pièces, car jamais il ne se séparait de son armure, il vit venir à lui un chevalier également armé de pied en cap. Il portait, peinte sur son écu, une lune resplendissante. S'étant approché de notre chevalier assez près pour en être entendu, il dit à voix haute en s'adressant à don Quichotte :

« Illustre chevalier, ô don Quichotte de la Manche, moi, le chevalier de la Blanche Lune, dont sans doute les prouesses inouïes seront venues à ta connaissance, je viens me mesurer à toi. Je veux te faire reconnaître que ma dame est sans comparaison plus belle que ta Dulcinée du Toboso. »

Don Quichotte resta stupéfait. Il répondit avec calme et gravité :

« Chevalier de la Blanche Lune, dont les exploits ne sont point encore parvenus à mes oreilles, j'accepte votre défi et suis content que ce soit maintenant que nous vidions cette affaire.

armé de pied en cap : portant tout son équipement de chevalier

inouï : incroyable

se mesurer à : se battre avec

vider une affaire : régler une affaire

Prenez donc de la distance ce que vous voudrez, j'en ferai de même. »

Don Quichotte se recommanda à Dieu et à sa Dulcinée, comme il avait coutume de le faire avant chacun de ses combats. Puis il prit du champ. Alors, sans attendre que la trompette ni aucun instrument de guerre leur donnât le signal de l'attaque, tous deux en même temps se précipitèrent l'un vers l'autre. Mais comme le chevalier de la Blanche Lune montait un cheval plus léger et plus rapide, il arriva sur don Quichotte et le heurta avec force et vigueur. Sans le toucher de sa lance qu'il leva exprès en l'air, il le renversa et l'étendit sur le sol.

heurter : cogner violemment

Puis il se jeta sur lui et lui mit la pointe de sa lance sur la gorge :

« Chevalier, lui dit-il, vous êtes vaincu. »

Don Quichotte, étourdi et brisé de sa chute, répondit :

« Dulcinée du Toboso est la plus belle femme du monde, et moi le plus malheureux chevalier de la terre. Enfonce ta lance, chevalier, et ôte-moi la vie puisque tu m'as ôté l'honneur. »

« Je n'en ferai rien, dit alors le chevalier de la Blanche Lune. Je m'incline devant la renommée de beauté de Madame Dulcinée. Mais j'exige une seule chose, c'est que le grand don Quichotte se retire chez lui durant au moins toute une année. »

Don Quichotte promit d'accomplir cela en chevalier juste et sincère.
Le chevalier de la Blanche Lune tourna bride et partit au petit galop. Sancho, l'oreille basse et tout triste, ne savait que dire ni que faire. Mais à quelque distance, cachés derrière un bosquet et regardant la scène, le curé et le barbier, amis de don Quichotte, se frottaient les mains. « Comme nous avons bien fait, disaient-ils, d'imaginer ce stratagème. Nous avons loué les services d'un maître d'armes. Nous l'avons appelé chevalier de la Blanche Lune, jolie trouvaille. Nous lui avons recommandé de ne pas blesser notre ami. Tout s'est passé suivant notre plan. Désormais, notre ami ne risquera plus sa vie dans de folles aventures. »
De fait, fidèle à sa parole, don Quichotte rentra dans son village pour y vivre paisiblement le reste de ses jours.

un stratagème : une ruse

une trouvaille : une idée

Alain Dag'Naud

La plante tueuse

Illustré par Annie-Claude Martin

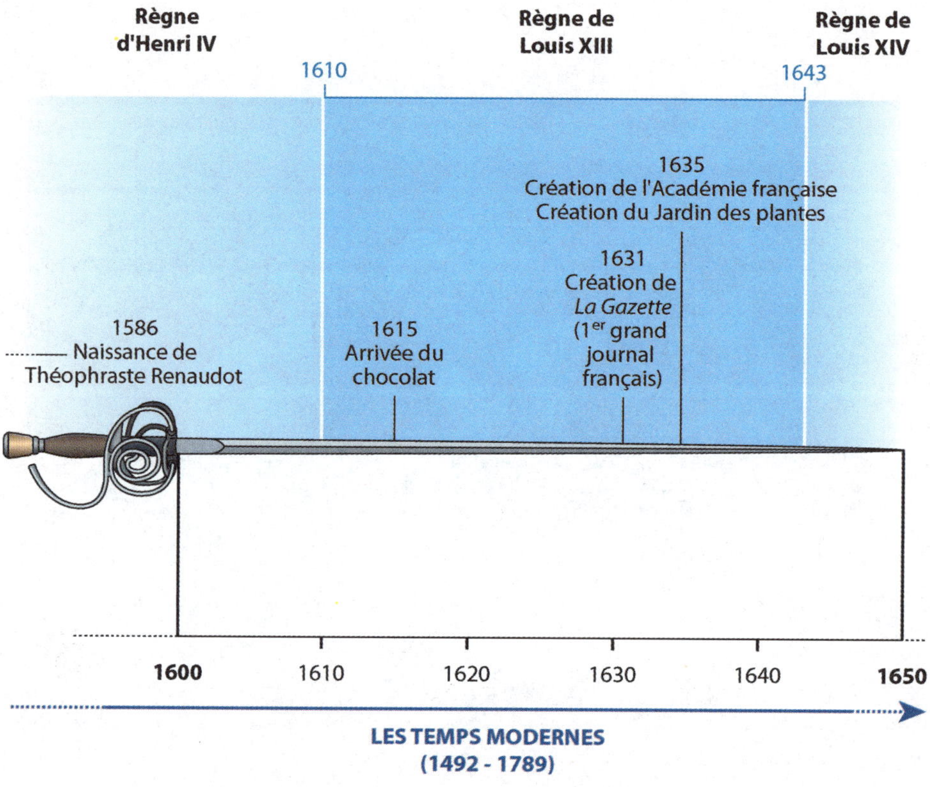

Règne d'Henri IV
Règne de Louis XIII
Règne de Louis XIV
1610
1643
1635
Création de l'Académie française
Création du Jardin des plantes
1631
Création de *La Gazette* (1er grand journal français)
1586
Naissance de Théophraste Renaudot
1615
Arrivée du chocolat
1600
1610
1620
1630
1640
1650
LES TEMPS MODERNES
(1492 - 1789)

Margot et Blandin vendent *La Gazette*

Au matin de ce jour du 4 mai 1638, alors que le soleil renaissant baigne d'une lumière rose puis violette les toits d'ardoise de la capitale, Margot et Blandin sont assis côte à côte sur la rive caillouteuse de la Seine, juste au pied du Pont-Neuf récemment achevé.
Blandin n'a pas plus de douze ou treize ans. Ses cheveux bruns en bataille et ses yeux vifs témoignent d'un caractère décidé. Margot, à peine plus âgée, laisse courir sur son front de belles boucles dorées où se joue le soleil.
L'un et l'autre regardent de l'autre côté du fleuve le palais du Louvre et ses nouveaux bâtiments du Bord-de-l'Eau. Ils contemplent les deux belles maisons de brique et de pierre qui s'avancent en pointe au bout de l'île de la Cité. Ils aperçoivent plus loin, là-bas sur la droite, les tours de Notre-Dame qui étincellent sous les premiers rayons du soleil.

étinceler : briller

« Quelle chance nous avons, dit Blandin, d'avoir été choisis par M. Théophraste Renaudot pour aller vendre sa *Gazette* chaque semaine dans les rues. Il a trouvé magnifique que nous sachions lire à notre âge. Je pense que cela a compté dans sa décision.

***La Gazette* :** périodique hebdomadaire créé à Paris par Théophraste Renaudot en 1631

– Tu as raison, Blandin, et nous y gagnons quelques francs. Nous rencontrons aussi des gens passionnés par les nouvelles que nous leur apportons. Hier par exemple, as-tu remarqué notre dernier acheteur, ce petit homme chétif, comment il ajustait constamment sa lunette sur son nez pour mieux lire ?

– Et ces gens, reprend Blandin, entassés à la porte d'une boutique juste au-dessus d'ici, quai des Augustins. Ils écoutaient celui qui savait lire annoncer à haute voix que la grossesse de la reine se déroule bien.

– Nous avons en deux jours vendu quarante exemplaires sur les cent vingt qui nous ont été confiés, remarque Margot. M. Renaudot sera content. Il m'a dit qu'il avait tiré 1500 exemplaires des huit pages de sa *Gazette*. Si les autres colporteurs sont aussi efficaces que nous, l'édition sera vite épuisée. Allons debout. Nous allons leur montrer que nous sommes les meilleurs. »

franc : le franc était la monnaie la plus utilisée avant la fabrication d'une nouvelle monnaie par Louis XIII en 1640, le louis d'or

chétif : fluet, peu robuste

la grossesse de la reine se déroule bien : le futur Louis XIV naîtra le 5 septembre 1638

tiré : imprimé

un colporteur : marchand qui vend des objets dans la rue

Le cadavre dans la Seine

Mais à peine sont-ils levés qu'ils voient dériver sur l'eau un corps sans vie. Il n'y a pas une minute à perdre. Blandin hèle une barque qui passe à proximité. Le batelier s'empare d'une perche et agrippe le cadavre qu'il ramène sur la rive.
Pendant ce temps, Margot est allée chercher un agent du guet. Celui-ci, un grand gaillard pas dégourdi, arrive bientôt, sans se presser. Il bougonne contre la jeune fille qui l'aura dérangé pour rien. Quand il voit le corps, il s'avance, du pied retourne le cadavre et dit :
« Un de plus, voilà tout. Il y a eu quatorze assassinats à l'épée ou au couteau dans la seule journée d'hier à Paris. Je vais prévenir quand même le lieutenant criminel. Vous le batelier, restez là ; les jeunes, partez ! »

Mais Blandin s'est penché sur le corps :
« Il n'a pas été tué avec une arme. Il n'y a pas de sang. Ses vêtements ne sont même pas déchirés. Mais voyez son expression de terreur et ses membres tout tordus et contractés.
– Alors il sera tombé d'un pont et se sera noyé. Ce n'est pas votre affaire. Je vous ai dit de vous en aller », réplique l'agent du guet.

héler : appeler de loin

un batelier : personne qui conduit un bateau

un agent du guet : un homme chargé de la police à Paris

bougonner : grommeler, parler de façon indistincte pour montrer sa mauvaise humeur

en avoir le cœur net : vouloir connaître la vérité

se frayer : s'ouvrir

le trottoir : C'est sur le Pont-Neuf qu'ont été établis les premiers trottoirs surélevés

un charlatan : personne qui vendait autrefois des remèdes dans la rue

un porte-fagots : personne qui porte des bûches de bois dans les maisons

une chaise à porteurs : siège en général fermé porté par deux hommes

résider : habiter

Blandin et Margot s'éloignent ; mais ils veulent en avoir le cœur net.
« Il faut en parler à M. Renaudot », dit Margot. Nos amis remontent sur le quai, passent sur le Pont-Neuf où ils se frayent difficilement un chemin sur le trottoir entre un charlatan arracheur de dents, un chanteur bossu, un porte-fagots et une vendeuse de légumes qui crie à tue-tête « Choux blancs, beaux oignons ! ». Ils traversent la chaussée encombrée de carrosses, de chaises à porteurs, de charrettes et de brouettes. Ils prennent aussitôt sur la droite dans l'île de la Cité. Ils longent le quai des Orfèvres, laissent sur leur gauche le vieux palais royal et la Sainte Chapelle, et parviennent au pied de la maison à l'enseigne du Grand Coq. C'est là que réside Théophraste Renaudot.

Théophraste Renaudot

Blandin frappe résolument un bon coup sur la porte. Un homme ouvre. Il a environ cinquante ans ; il porte une barbe mal taillée ; ses cheveux sont clairsemés ; il est vêtu simplement d'une robe noire à grand col blanc qui lui couvre les épaules. C'est M. Renaudot lui-même, le protégé du puissant cardinal de Richelieu.

clairsemé : peu dense

« Que voulez-vous, mes enfants ? Avez-vous déjà vendu tous vos exemplaires de *La Gazette* ? Mais non, je vois qu'il en reste dans la besace suspendue au cou de Blandin. Et vous êtes tout essoufflés. Que se passe-t-il ?

une besace : un grand sac avec deux poches

– Nous avons trouvé un cadavre... dans la Seine ! disent en chœur Margot et Blandin.
– Si vous parlez tous les deux ensemble, je ne comprendrai rien. Ne restons pas là. Suivez-moi dans mon bureau et racontez-moi. »
Ils montent un escalier à la belle rampe de bois et entrent dans une pièce où deux des murs sont meublés par des bibliothèques. Le troisième est recouvert d'une tenture de velours bleu. Devant, un bureau pas très grand. Renaudot s'assied dans un fauteuil. Il invite ses jeunes vendeurs à prendre place sur les deux autres sièges de la pièce.

« Ainsi, vous avez découvert un cadavre. Mais pourquoi venir m'en parler ? Il aurait mieux valu appeler un agent du guet.
– Nous l'avons fait, s'exclame Margot, mais il pense que la personne, qui ne porte aucune blessure, s'est jetée ou est tombée d'un pont.
– Nous n'en croyons rien, reprend Blandin, le mort avait l'air terrorisé. Surtout, il avait les bras et les jambes tout tordus.
– C'est étrange, en effet, remarque Renaudot.
– Avez-vous pu voir ses ongles ?
– Oui, dit Blandin, ils étaient bleus.
– Avait-il quelque chose aux lèvres ?
– Je n'ai pas eu le temps de bien regarder, mais il avait de la bave collée autour de sa bouche. »
Renaudot réfléchit quelques instants et dit :
« Mes chers enfants, vous savez que je fus médecin avant de lancer ma *Gazette*. Les symptômes que vous décrivez sont particuliers. Ils indiquent un empoisonnement. Cela m'intrigue. Pas plus tard qu'hier, mon ami Jean Dufay, lieutenant criminel de la ville de Paris, m'a signalé quatre décès suspects, dus sans doute au poison. Ce serait le cinquième. Il n'y a pas un moment à perdre. Rendons-nous où vous avez trouvé le corps. »

la bave : de la salive

un symptôme : signe physique qui permet de reconnaître une maladie

être intrigué : avoir sa curiosité excitée

suspect : qui éveille les soupçons

Des morts inexpliquées

Une fois sur place, nos amis constatent que le corps a été enlevé. Mais l'agent du guet n'est pas loin. Renaudot se dirige vers lui et l'interpelle :
« Où est passé le corps qui a été repêché tout à l'heure ?
– Qui êtes-vous pour me poser cette question ? répond l'agent de méchante humeur.
– Un ami du lieutenant criminel et de votre supérieur, le chevalier du guet, réplique Théophraste sur un ton agacé.
– Il a été envoyé au Châtelet, répond l'agent devenu soudain plus aimable.
– Fort bien. Nous y allons. »

méchant : mauvais

agacé : irrité, énervé

le Châtelet : forteresse qui servait de prison

D'un bon pas, tous les trois repassent le Pont-Neuf. De l'autre côté de la Seine, ils jettent un œil à un joli bâtiment. Il abrite la pompe qui monte l'eau du fleuve pour les habitations du quartier.
« Vous voyez, dit Renaudot, cette sculpture sur la façade ? Elle représente la Samaritaine qui offrit à boire au Christ un jour qu'il avait soif. »

Ils poursuivent leur chemin et se retrouvent devant la formidable forteresse du Châtelet. Les gardes leur demandent ce qu'ils veulent.
« Rencontrer le commissaire Jean Dufay. Dites-lui que Théophraste Renaudot est là. »
On les conduit par des couloirs obscurs jusqu'au premier étage. Ils doivent patienter sur un banc, sous la faible lueur d'une torche. Enfin, une porte s'ouvre. Un petit homme au nez d'aigle apparaît. Il se précipite dans les bras de Renaudot et s'excuse de son retard :

une torche : un flambeau fait d'un bâton de sapin dont l'extrémité est recouverte de cire

« J'examinais le corps d'un noyé qui vient de m'être apporté.
– C'est justement à ce propos que je suis venu. Voici Margot et Blandin. Ils ont vu le corps glisser le long de la Seine et ils ont permis de le récupérer. »
Jean Dufay se tourne vers les enfants et les salue. Puis il conduit ses visiteurs par une série de passages sombres et de salles voûtées jusqu'à son bureau, une vaste pièce dont les fenêtres ouvrent sur la Seine. Devant, il y a le pont au Change et, sur la gauche, le pont Notre-Dame, tous deux bordés de maisons et de boutiques. Sur le fleuve circulent des bateaux chargés de tonneaux de vin ou de bottes de foin.
« Un mort de plus ! constate le lieutenant criminel. Et pas la moindre piste. Nous ne savons même pas exactement ce qui les a tués.

– Ils ont été empoisonnés, avance Renaudot.
– C'est probable, mais par quel poison ? Les effets ressemblent à ceux de la ciguë, mais les victimes semblent toutes terrorisées et leur peau est couverte de boutons rouges. Ce ne sont pas les effets de la ciguë ni d'aucun poison connu. »

la ciguë : une plante vénéneuse utilisée pour fabriquer des poisons

L'enquête commence

Margot pose une question au policier :
« Savez-vous qui sont ces personnes ?
– Oui. Il y a trois hommes et deux femmes. Le premier mort que l'on nous a apporté était un riche marchand qui venait de se faire construire une luxueuse maison près de la place Royale. Le second était une femme, servante de la marquise de Rambouillet. Le troisième était un brave porteur d'eau qui donnait à boire aux habitués de la place de Grève. La quatrième était une commerçante qui vendait ses dentelles aux courtisans du palais. Le cinquième, que vous avez découvert, était un ouvrier travaillant aux finitions du palais que Monseigneur le cardinal de Richelieu se fait bâtir près du Louvre.
– Il paraît n'y avoir aucun rapport entre eux, remarque Blandin.
– Et ils ne se connaissaient pas, ajoute le lieutenant de police. Je vais cependant poursuivre l'enquête. »
Jean Dufay se lève. L'entretien est terminé. Le lieutenant criminel demande à un garde de raccompagner ses visiteurs.
Une fois dehors, Renaudot s'adresse à Margot et Blandin :

la place Royale : l'actuelle place des Vosges à Paris

la place de Grève : l'actuelle place de l'Hôtel de Ville de Paris où se déroulaient les exécutions

le palais de Richelieu : Palais-Cardinal, devenu Palais-Royal

« Cette histoire m'évoque un fait dont nous avons parlé dans *La Gazette*. Mais je ne parviens pas à m'en souvenir. Suivez-moi au Grand Coq, j'ai une mission à vous confier. »

évoquer : faire penser

ne pas parvenir : ne pas réussir

De retour chez lui, Renaudot conduit ses deux amis dans une pièce du rez-de-chaussée et leur explique :

« C'est ici que j'ai réuni tous les exemplaires de *La Gazette* depuis sa création le 30 mai 1631. Vous savez lire et vous êtes intelligents. Je souhaite que vous parcouriez tous les numéros et que vous cherchiez un indice qui pourrait éclairer ces morts récentes. Peut-être découvrirez-vous une information sur des meurtres inexpliqués ou sur une histoire de poisons.

éclairer : expliquer

– Nous nous y mettons dès maintenant », répondent en chœur Margot et Blandin.

À la recherche d'indices

Trois heures plus tard. Théophraste Renaudot pénètre dans le bureau où Blandin et Margot continuent à lire les exemplaires de *La Gazette*.

« Avez-vous découvert quelque chose d'intéressant ? demande Théophraste.

– Nous en sommes à l'année 1634, répond Blandin. Nous avons repéré plusieurs faits, mais rien qui semble avoir un rapport avec les morts inexpliquées.

– Qu'avez-vous par exemple noté ? s'enquiert Théophraste.

– Pour 1631, la fuite à l'étranger de Marie de Médicis, la mère du roi, répond Blandin.

– L'envoi aux galères de deux astrologues qui ont prédit à tort la mort de Louis XIII, ajoute Margot.

– En 1632, la décapitation du duc de Montmorency qui a conspiré contre Richelieu, dit Blandin.

– En 1633, Vincent de Paul aide les pauvres qui meurent de faim dans les rues de Paris, complète Margot.

– Et en 1634, le curé Urbain Grandier a été brûlé vif pour avoir ensorcelé les religieuses d'un couvent, poursuit Blandin.

un astrologue : personne qui étudie l'influence des astres sur le destin des hommes

une décapitation : le fait de couper la tête de quelqu'un

– Sinistre histoire, commente Renaudot, mais qui se passait en province, dans la ville de Loudun. Je ne vois rien dans ces faits qui puisse avoir un rapport avec notre affaire. Avant de continuer, je vous invite à manger dans une bonne taverne non loin d'ici. »

Nos trois amis sortent de la maison par la gauche, traversent la place de Grève encombrée de tréteaux sur lesquels s'agitent des bateleurs applaudis par une foule de badauds. Ils passent devant les ports au vin, au blé, au bois et au charbon, longent l'arrière de l'Hôtel de Ville et se retrouvent rue de la Verrerie. Ils passent une boutique de peintre sur verre et parviennent à l'hostellerie des Deux Faisans.

« Nous y sommes », s'écrie Théophraste Renaudot qui pousse les deux jeunes gens à l'intérieur.

L'ambiance est gaie et chaleureuse. La patronne, une forte femme au visage rougeaud, leur tape amicalement sur l'épaule :

« Je vous conseille la poularde. Elle est parfaite.

– Va pour la poularde. Accompagnée de pommes cuites. Et servez-nous auparavant de votre jambon gras et moelleux. Qu'en pensez-vous, les enfants ? »

Ceux-ci tout joyeux approuvent.

ces faits : ces événements

une taverne : une auberge

des tréteaux : supports d'une estrade

un bateleur : autrefois, personne qui amusait le public, saltimbanque

un badaud : un promeneur, un passant

« Et du vin comme boisson, que nous mélangerons avec de l'eau, mais bouillie, précise l'ancien médecin. L'eau de la Seine n'est pas saine, avec tout ce qu'on y jette. Ajoutez donc un peu de foie gras frit pour moi, et des gâteaux aux fruits confits pour mes amis. »

Renaudot s'adresse à Margot et Blandin :

« Connaissez-vous le chocolat ?

– Non. De quoi s'agit-il ? répondent-ils.

– C'est une nouvelle gourmandise qui nous vient d'Amérique. Anne d'Autriche l'a fait découvrir à Louis XIII lors de leur mariage en novembre 1615, répond Renaudot. Aubergiste, avez-vous du chocolat ? Oui ? Tant mieux. Vous en servirez à mes amis. »

Sur la piste

Deux heures plus tard, Blandin et Margot ont fait le meilleur repas de leur vie. Ils auraient bien envie de faire une sieste, mais Renaudot les reconduit au Grand Coq.

« Il ne vous reste plus que quatre années à dépouiller. Bon courage », leur dit-il en refermant la porte de la pièce où sont réunis les exemplaires de *La Gazette*.

dépouiller : examiner minutieusement

Quand le jour tombe, ils ont fini leur tâche.

une tâche : un travail

« Qu'as-tu trouvé ? demande Margot.

– J'ai lu un article sur la création par le cardinal de Richelieu de l'Académie française en janvier 1635 ; un autre article sur la victoire de Corbie en novembre 1636 grâce à laquelle les Espagnols qui menaçaient Paris ont été repoussés. Et toi, chère Margot, qu'as-tu découvert ? »

À ce moment, Renaudot pousse la porte :

« Alors, où en êtes-vous ?

– Rien de mon côté, répond Blandin.

– Moi, signale Margot, j'ai lu plusieurs articles sur la pièce de théâtre de M. Pierre Corneille, intitulée *Le Cid*, au sujet de laquelle il y a eu de vives querelles. Mais Corneille a été soutenu par Richelieu. J'ai parcouru aussi un texte sur le Jardin des Plantes créé il y a plus de dix ans.

une querelle : une dispute

– Oui, il est magnifique. Il est devenu un lieu de promenade pour certains Parisiens, explique Renaudot. On y trouve même des arbres d'Amérique. Le jardin a été dirigé par le médecin du roi, Jean Héroard. Il y a introduit de nombreuses herbes qui soignent les maladies.
– Et des plantes qui tuent ? ajoute Margot.
– Bien sûr. Il y a la ciguë, qui paralyse ceux qui en absorbent, la belladone, qui empêche de respirer, le colchique qui provoque des hémorragies, l'ellébore qui crée des convulsions, et… »
Renaudot s'interrompt. Il est troublé. Il parle tout haut, comme pour lui-même :
« Et si notre poison inconnu venait du Jardin des Plantes ? »
Il s'adresse à Blandin et Margot :
« Les enfants, il faut aller voir là-bas. Nous y trouverons peut-être la clef de l'énigme. Cette nuit vous logerez chez moi. Je vais faire prévenir vos parents et préparer vos chambres. »
Théophraste appelle la servante :
« Marion, donnez la chambre lilas à Margot et la chambre verte à Blandin. N'oubliez pas de porter dans chacune un baquet avec de l'eau chaude pour qu'ils puissent se laver. »

une hémorragie : une perte importante de sang à l'intérieur du corps

des convulsions : de violentes contractions des muscles

la clef de l'énigme : la solution du mystère

Puis il s'adresse aux enfants :
« Vous devez être fatigués. Une bonne soupe de légumes nous suffira. Et au lit. Demain matin nous nous lèverons tôt pour aller au Jardin des Plantes. »

Au Jardin royal des Plantes

Le soleil vient de se lever. La journée sera belle. Margot et Blandin ont pris un copieux petit-déjeuner. Théophraste Renaudot est prêt depuis une bonne heure. Il attend en lisant les articles de *La Gazette* prévus pour la semaine prochaine. Ensemble, ils montent dans un carrosse qui les attend. Il a été loué par M. Renaudot. Les enfants admirent les sièges capitonnés. Ils ne sont jamais encore montés dans un carrosse.

copieux : abondant, où il y a beaucoup de choses à manger

capitonné : rembourré

L'équipage mené par deux chevaux noirs franchit le petit Pont et passe le pont au Double. Par la portière, chacun admire le chevet de la cathédrale Notre-Dame puis regarde l'île Saint-Louis qui commence à se couvrir de belles maisons. Sur la Seine, flottent des troncs d'arbres attachés les uns aux autres ; placé en équilibre sur les bois, un homme guide l'ensemble avec sa longue perche.

un équipage : ensemble du carrosse et des chevaux

le chevet : l'extrémité du chœur de l'église

Au grand galop maintenant, le carrosse longe les hauts murs de l'abbaye Saint-Bernard et s'arrête devant le Jardin royal des Plantes. Théophraste Renaudot s'adresse au portier : « Veuillez prévenir M. Guy de La Brosse, que M. Renaudot souhaite le rencontrer. »

un portier : personne qui accueille les visiteurs à l'entrée d'un établissement

Quelques instants plus tard, M. de La Brosse, le successeur d'Héroard, vient lui-même accueillir ses visiteurs.
« Si je m'attendais ! dit-il. Désirez-vous visiter mon Jardin avec vos jeunes amis ?
– Plus tard, si vous le voulez bien, répond Renaudot. J'aimerais d'abord vous poser quelques questions sur vos herbes médicinales. J'en aperçois quelques-unes sur ces parterres. Y en a-t-il de particulièrement dangereuses ?
– Oui, bien sûr.
– Et d'espèces inconnues ? poursuit Renaudot.
– En effet. Nous avons notamment une plante rapportée d'Amérique. Ses racines réduites en poudre sont capables de tuer en moins d'une heure quiconque en absorberait. Cher ami, je suis étonné, car votre question m'a été récemment posée.
– Par qui ? interroge Renaudot.
– Par une femme grande, mince et fort bien vêtue. Elle se disait passionnée par les plantes exotiques.
– Vous a-t-elle communiqué son nom ?
– Point du tout. Mais elle est repassée le lendemain. Je l'ai vue observer le parterre des herbes vénéneuses. »

récemment : il y a peu

exotique : qui vient d'un pays lointain

vénéneux : toxique

Renaudot se tourne vers Blandin et Margot : « Si mes suppositions sont exactes, cette femme reviendra. »

une supposition : une hypothèse

Puis il s'adresse à Guy de La Brosse :
« Permettez-moi d'emporter un peu de cette plante.
– Je vous l'accorde.
– Autorisez-vous mes jeunes amis à attendre ici ? Je vous en expliquerai plus tard la raison.
– Mon ami, vous m'intriguez. Mais j'accepte. »

La souricière

une souricière : un piège tendu à quelqu'un

Une fois Renaudot parti, Blandin et Margot font un tour dans le jardin. Ils jouent à se perdre dans le labyrinthe. Celui-ci est établi sur une butte qui était autrefois un dépôt d'ordures de la ville. De là, tout en s'amusant, ils ont une vue parfaite sur le carré des plantes dangereuses. Ils pensent qu'ils risquent d'attendre longtemps. Dix heures sonnent à peine aux cloches des églises lorsqu'ils voient une femme élégante entrer dans le Jardin. Elle regarde à droite et à gauche. Elle s'approche du parterre. Elle se penche. Elle a sorti de sa manche une petite pelle. En quatre coups rapides, elle a déterré une plante. Elle replace habilement la terre. Elle se relève et s'éloigne à grands pas.

un labyrinthe : édifice formé par un réseau compliqué de chemins dont il est difficile de trouver la sortie

« Suivons-la », dit Blandin.

Nos jeunes amis rejoignent l'entrée du Jardin au moment où la dame mystérieuse pénètre dans une chaise à porteurs. Margot et Blandin s'approchent. Mais les porteurs partent d'un pas rapide. Il s'agit de les filer sans se faire remarquer. Ils traversent la Seine et suivent le quai jusqu'au Louvre. Bientôt, ils s'arrêtent devant une magnifique demeure. La dame descend de sa chaise. Elle frappe trois coups à la porte et entre.

Margot et Blandin s'apprêtent à courir prévenir M. Renaudot quand trois hommes surgissent de la maison. Les enfants n'ont pas le temps de réagir. Ils se retrouvent entraînés dans la demeure avant même d'avoir pu crier.

espionner : surveiller quelqu'un

« Alors ainsi, vous m'espionnez, dit une femme au visage couvert d'un masque de velours noir. Je vous ai remarqués. Vous m'avez suivie depuis le Jardin des Plantes. Qui vous envoie ?

– Personne », réplique Blandin.

Margot a une idée :

« Nous travaillons pour *La Gazette*, dit-elle, sans tenir compte du noir regard de reproche que lui jette Blandin. M. Renaudot veut écrire un article sur les visiteurs du Jardin des Plantes. Nous avons vu que vous vous y intéressiez. Nous souhaitions en parler avec vous. Voilà pourquoi nous vous avons suivie. »

perplexe : qui ne sait que penser

La dame masquée paraît perplexe :

« C'est peut-être vrai. Mais je vous garde ici en attendant que j'en aie fini avec une affaire secrète. Si vous m'avez menti, vous regretterez votre curiosité. »

Elle s'adresse aux trois hommes de main : « Emmenez-les dans la cave et ligotez-les. »

Margot et Blandin se retrouvent attachés à un gros anneau fiché au ras du sol, dans le mur d'un vaste cellier encombré de tonneaux et de bouteilles. Il est à peine éclairé par un soupirail.
« Ton idée était bonne, remarque Blandin, mais comment nous sortir d'ici au plus vite ? Cette femme et ses brigands m'inquiètent.

un cellier : une pièce fraîche où l'on conserve du vin et des provisions

un soupirail : petite ouverture située en haut d'une cave

se figer : s'immobilise

hisser : faire monter en soulevant

– J'ai peur aussi, ajoute Margot qui tout à coup se fige. Regarde. Il y a une bouteille cassée par terre, à côté de toi. Essaye de la prendre.
– Je l'ai, répond Blandin.
– Tranche nos liens avec le verre », propose Margot.
Une heure plus tard, après bien des efforts, Blandin a réussi.
« Et maintenant ? demande-t-il.
– Je suis petite et mince, je me faufile partout. Si je grimpe sur tes épaules, je pense pouvoir atteindre l'ouverture tout en haut. Je verrai si je parviens à sortir par là. »
Blandin hisse son amie. Margot s'accroche au rebord du soupirail. Elle passe la tête et dit : « Cela donne dans une ruelle. »
Elle pousse une plainte. « Je n'y arrive pas. Pousse-moi sous les pieds avec tes mains pour que je monte encore plus. »
Enfin, Margot se glisse par le soupirail. Elle dit à Blandin :
« Je cours prévenir M. Renaudot.
– Dépêche-toi, s'écrie Blandin, s'ils remarquent ton évasion, ils me tueront. »

La délivrance

Margot s'élance dans la ruelle déserte. Au coin, elle jette un œil pour s'assurer que ses ravisseurs sont restés dans la maison. Puis elle court à perdre haleine, sans s'arrêter. Arrivée au Grand Coq, elle tambourine à la porte. Heureusement, Théophraste Renaudot est là.
« Que t'arrive-t-il, ma chère enfant ?
– C'est Blandin, il faut le sauver. Je l'ai laissé dans une cave où il est enfermé.
– Décris-moi vite l'endroit », demande Renaudot.
Et Margot de s'exécuter.
« La maison dont tu me parles est celle de la duchesse de Chevreuse, ennemie jurée du cardinal de Richelieu. L'affaire est grave. Nous avons besoin du renfort de la police. Allons-y, ne perdons pas un instant. »

En chemin, Renaudot explique à la jeune fille :
« Pendant que vous étiez au Jardin, j'ai fait analyser la plante. Ses effets sont terrifiants, comme on a pu le constater sur nos cinq morts. Il faut arrêter les assassins avant qu'ils ne commettent un nouveau meurtre. »
Ils ont tôt fait d'arriver au Châtelet où ils sont reçus par Dufay. En quelques mots, ils expliquent la situation.

jeter un œil : regarder furtivement

un ravisseur : personne qui a enlevé quelqu'un

tambouriner : frapper à une porte à coups répétés

ennemi juré : ennemi implacable

du renfort : personnes supplémentaires

au pas de course : en marchant très rapidement

forcer : ouvrir de force

Le lieutenant criminel rassemble aussitôt une troupe d'agents. Ils se rendent au pas de course à l'hôtel de Chevreuse. Ils frappent à l'entrée. Personne ne répond. Dufay ordonne de forcer la porte. Les agents pénètrent enfin dans le palais. Ils arrêtent les trois ravisseurs attablés dans la cuisine et qui n'ont rien entendu. Margot se précipite vers la cave, accompagnée de Théophraste Renaudot et de gardes. Ils découvrent la porte du cellier. La clef est sur la serrure. Ils ouvrent. Blandin est là. Margot se précipite dans ses bras.

Dans une chambre à l'étage, les policiers découvrent la dame du Jardin des Plantes.

« Emmenez-la au Châtelet », commande le lieutenant qui se tourne ensuite vers Renaudot :

« Mon cher Théophraste, vous pouvez retourner chez vous avec vos jeunes amis. Je vais interroger cette dame et vous tiendrai au courant. »

Le complot dévoilé

Le soir même, un messager de Dufay se présente au Grand Coq :
« M. le lieutenant criminel vous attend au Châtelet. Si vous voulez me suivre. »
Renaudot, Blandin et Margot accompagnent le messager. Arrivés au Châtelet, ils sont aussitôt reçus par le lieutenant criminel qui leur annonce :
« Elle a parlé !
– Et qu'a-t-elle dit ? demande Renaudot qui s'impatiente.
– L'affaire touche au plus haut niveau de l'État. Je dois donc vous demander le plus grand secret. »
Les trois amis promettent. Dufay reprend :
« La dame que vous avez fait suivre est une empoisonneuse. Nous avons retrouvé dans sa chambre de l'hôtel de Chevreuse des flacons renfermant une poudre fabriquée à partir de la plante volée au Jardin de M. de La Brosse.
– Mais pourquoi a-t-elle tué les cinq personnes retrouvées mortes ? demande Blandin.
– Pour tester les effets de son poison. Elle a avoué avoir jeté de la poudre vénéneuse dans le seau du porteur d'eau. Les gens qui ont bu de cette eau sont morts rapidement. Par bonheur, si on peut dire, le porteur d'eau a bu lui-même de son eau. Il est mort avant d'avoir pu distribuer

un porteur d'eau : personne qui vend de l'eau de porte à porte

du liquide empoisonné à d'autres clients. Nous avons évité ainsi peut-être des dizaines de décès.

un décès : une mort

– Quel usage, cette dame au service de Mme de Chevreuse voulait-elle faire de ce poison ? demande Renaudot.
– Ce poison était destiné à tuer le cardinal de Richelieu. L'ordre venait de très haut, mais je ne peux vous dire de qui. C'est un secret d'État. »

Renaudot, Blandin et Margot quittent le Châtelet. Ils sont heureux d'avoir déjoué un complot. Mais ils regrettent de ne pas connaître le fin mot de l'histoire : le nom du vrai coupable.

déjouer : faire échouer

Margot, restée silencieuse, prend alors la parole :
« Pendant que vous parliez avec le lieutenant criminel, j'étais près de son bureau. J'ai vu sans le faire exprès le compte rendu de l'interrogatoire de l'empoisonneuse. Le dernier mot était…
– Qui ? demandent les deux compères.
– Monsieur…
– Comment cela, Monsieur ? demande Blandin.
– Le frère du roi, Gaston d'Orléans que l'on appelle Monsieur, bien sûr, s'écrie Renaudot. L'éternel conspirateur, l'ennemi juré de Richelieu.

un conspirateur : personne qui conduit un complot contre quelqu'un

J'informerai le cardinal de ce que vous avez fait pour déjouer ce complot. Il ne manquera pas de vous récompenser. En attendant, mes enfants, que diriez-vous d'un bon souper aux Deux Faisans ?
– Avec plaisir, s'exclament d'une seule voix Blandin et Margot. Nous avons bien aimé le… comment déjà ? »
Renaudot sourit : « Le chocolat. »

Table

Louis XIII et Richelieu 5

Les trois mousquetaires 31

Don Quichotte 63

La plante tueuse 97

Achevé d'imprimer en Italie par STIGE
Dépôt légal Avril 2007 - Collection 73
Edition 01 - 11/7347/8